ちくま文庫

世間を渡る読書術

パオロ・マッツァリーノ

筑摩書房

世間を渡る読書術【目次】

世間を渡る読書術

◆登場人物

パオロ
商店街の片隅で、立ち食いそば屋兼古本屋という特殊な業務形態の店「ブオーノそば」を一人で切り盛りする、イタリア人と日本人のハーフ。日本文化への造詣が深い。

お母さん
商店街の近所の高層賃貸マンションに暮らす三十代の専業主婦。ダンナと一人息子がいる。短大卒で小難しい理屈は苦手。ご近所とはけっこう積極的にかかわっている。

お子さん
小学校低学年の男の子。なんでも知りたがり、お母さんを悩ませる。

ご主人

工学系の大学を卒業して某メーカーの研究開発部門に勤務。理系らしい割り切った考えの持ち主。ときおり発するギャグは、やや寒いと職場でもウワサされている。

安城子子子《あんじようシネコ》

さすらいのフリーライター。三十代独身。自立した女性を自任するも、いっぽうで婚カツに燃えている。ブオーノそばの常連。議論好きの、めんどくさい人。

お悩み其の一　地球温暖化の真実

「コラッ。またトイレの電気つけっぱなしにしたでしょ。こまめに消さなきゃダメよ。電気のムダ遣いをすると、地球温暖化が進んじゃうんだから」

「でもさ、お母さん、地球温暖化はウソだっていう友だちもいるんだよ。ボクはホントだよっていったら、科学的な証拠を見せろとかいわれちゃったんだ。ホントなの？　ウソなの？　どっちなの？」

「えっ、なにそれ初耳。ウソってどういうこと？　教えてちょうだい」

「ボクだって知らないから聞いてるのに」

「お父さんは来週まで出張だし、お母さん、理科や算数が死ぬほど苦手だから短大の国文科に行ったのよ。いまさらそんなこと聞かれても……。そうだ、たしか商店街のはずれに本屋さんがあったわよね」

＊

「ヘンね……。たしかここ、本屋さんだったのに、いつのまにそば屋さんになったんだろ。すいませーん」

　ヘイ、らっしゃい！

「あら、あなた外国のかた？」

　イタリア生まれですけど、父は九州男児です。

「あの、ここに前、本屋さんなかったかしら？」

　ええ、古本屋をやってたんですけど、儲からないんで立ち食いそば屋も始めたんです。

「そば屋〝も〟ってことは、まさか、本も売ってるの？」

　そのまさかです。

「まあ。二毛作ねっ」

　違うけど、ニュアンスはびしびし伝わるんで、よしとします。ところで、なにかお探しで？

「うちの息子にね、地球温暖化はウソなんじゃないかって聞かれて困ってるの」

そうですか。でしたら、この本なんかいかがでしょう。『地球温暖化の予測は「正しい」か?』。

「この本、なんかニオうわ」

すいません、本にダシの匂いが移っちゃって……。じつはなにを隠そう私も、五、六年前までは温暖化なんて信用してなかったんですよ。そんな未来のことなんか予測できっこないってね。

「お天気の週間予報だって、けっこうはずすものねぇ」

日本にはそう思ってる人がけっこう多いようで、温暖化はウソだという本もけっこう出てます。なかにはベストセラーになってるものもあるようです。

「ふうん、そうなの」

奥さん、本屋とか全然行かない人でしょ。

「主婦は毎日忙しくって!」

ところがこの『地球温暖化の予測は「正しい」か?』を読んだら、自分の浅はかさを反省しちゃいました。世界中の気象学者はいろんな批判を受け止めつつ、マジメにコツコツ、研究と予測を積み重ねてたんです。どのくらいマジメかというと、この予測値が正しい確率は六六パーセントとか、全部包み隠さず発表しちゃうんですよ。

学者ってけっこうプライド高いんで、他人のまちがいは責め立てても、自分のまちがいはヘリクツこねてなかなか認めません。だから、自分たちの予想がはずれる確率まで明らかにしてるあたりが、かえってマジメで信用できると私は思いますね。

「それで結局のところ、温暖化はどうなの？」

世界中の気象学者が最新の研究データから出した結論によれば、温暖化は確実に進行しているし、人類が排出した二酸化炭素（CO_2）がその大きな原因のひとつだと見てまちがいないようです。温暖化はウソだとか、二酸化炭素のせいじゃないとする説はほとんどが、古い研究データにもとづいた誤解なんです。

「じゃあやっぱり、エコには意味があるのね」

まあ、主婦のみなさんがご家庭でやってるエコは「節約」といった程度のことですから、それですぐに温暖化が止まるわけじゃありません。けど、少なくとも家計の足しにはなるから実益はあるし、なんとなくみんなで世界を救ってる気分になれるし、ムリをしない範囲で続けるべきですよ。

「そうね。ワタシも主婦魂でエコに邁進《まいしん》するわ。どうもありがとう、じゃあね！」

まいどー！　って、あの人結局、本も買わないし、そばも食べてかなかったよな。凄い節約魂だ……。

『地球温暖化の予測は「正しい」か?』江守正多　化学同人　二〇〇八

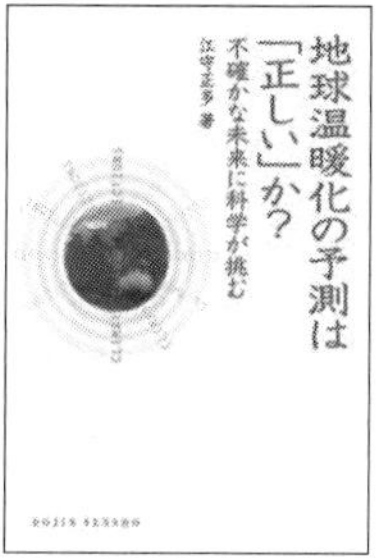

【こちらもおすすめ】

『〝環境問題のウソ〟のウソ』山本弘　楽工社　二〇〇七

ＳＦ作家が書いてるだけあって、エコ懐疑論の誤りを容赦なく暴くエンタメ的ノリが冴えまくりの痛快至極。テレビでおなじみの反エコ科学者は、統計データの基本的な読みかたをまったく理解していないようです。

ウィキペディア「地球温暖化に対する懐疑論」

http://ja.wikipedia.org/wiki/%E5%9C%B0%E7%90%83%E6%B8%A9%E6%9A%96%E5%8C%96%E3%81%AB%E5%AF%BE%E3%81%99%E3%82%8B%E6%87%

90%E7%96%91%E8%AB%96
このページを読めば、ほぼすべての温暖化懐疑論に対して、すでに科学的な反論がなされていることがわかります。それに対する再反論はネット上にもほとんどありません。このページを削除しようとする陰謀ならあるみたいだけど。

お悩み其の二　持ち家、賃貸、どっちがいいの？

　プルルルル……

「はい、もしもし」

　オタクノ息子ヲ預カッテイル。

「えっ、ヤダ、なにこのサスペンスフルなオープニング。あなたどなた？　どういうこと？」

　息子ヲ返シテホシケレバ、商店街ノ「ブオーノそば」ニ、イマスグ来イ。

「ブオーノそば？　そんなお店、あったかしら」

　立チ食イソバ屋兼古本屋ダ。

「ああ、あのお店、ブオーノそばっていうんだ。え、なんであんなところに？　誘拐犯のアジトって、港の倉庫とかじゃないの？」

ツベコベ能書キガウルサイゾ。

「ごめんなさい、いますぐ、うかがいますっ！」

＊

「すいませーん」

ヘイ、らっしゃい！

「うちの息子がここにいるって……あっ、いた。なにしてんのよ、もう！　心配するじゃない！」

そのデカいサングラスは、なんなんですか。

「万一を考えて、目立たないようにしてきたつもりだけど」

この商店街だとよけいに目立つような気がします。

「ここに来るまでに、おしゃれしてどちらへお出かけ？　って三回も声かけられたわ」

ヘンな電話で呼び出してすいません。おたくの息子さん、悩みを打ち明けに、ここに来たんですよ。

「じつの母親を差し置いて、赤の他人のそば屋さんなんかに悩みを？　ああ、めまいがする」

なんだかこっちまで傷つくいいかただな。奥さん、ご主人とマイホームを買う相談をされてたそうですね。

「ボク、引っ越したくないよ。家を買ったらべつのところへ引っ越すんでしょ？　学校の友だちと離れるのイヤだ」

「そういうことだったの……。このへんだと戸建てもマンションもけっこう高いから、買うとしたらたしかにこの近所ってわけにはいかないのよねぇ。でも、いますぐってわけじゃないのよ。心配しないで」

「なぁんだ。ああ、よかった」

「おそば屋さん、ついでにワタシの悩みも聞いてくださる？　うちのダンナはマイホーム購入に、やけに慎重なのよ。数字に強い人だから、一生分の家賃と住宅ローンを計算すると、賃貸のほうがトクだっていうの。でもね、ずっと賃貸暮らしってわけにもいかないじゃない。いずれ買わなきゃいけないのなら、主人が三〇代のうちに決めないと」

ふむ。しかし、ご主人の意見にも一理ありますよ。一生賃貸で暮らすという選択も、ないわけじゃありません。この本をお読みください。『住宅購入学入門　いま、何を買わないか』。

「若いうちはいいわよ、借家でも。心配なのは老後。年寄りになったら家を貸してもらえないっていうじゃない」

この本では、今後、日本では年寄りに家を貸さないと賃貸業は成り立たなくなるはずだと分析してるんです。なぜなら、日本では人口のかなりの割合を年寄りが占めるようになるから。

「そっか。借りる人がお年寄りばかりになったら、貸すほうだって、えり好みはできないわよね」

これ、二〇〇五年に出た本なんですが、その予言は当たりつつあります。いま北海道の札幌では、老人下宿というのが増えているそうですから。

「老人下宿？」

若者が減ったもんで、大学の学生寮や企業の独身寮が次々に廃止されてるんです。その建物を使わないままにしてるのはもったいないから、改装して、三食まかない付きの手頃な家賃で年寄りに貸し始めたら、これがけっこう人気だそうです。全国に広まる可能性もあると思いますよ。

おたくはお子さんも一人みたいだし、ローンに縛られず、賃貸暮らしで教育やレジャーにお金を使って、豊かな生活を満喫するのもアリなのでは？

「あら、いまはこの子一人だけど、ワタシだってまだまだいけるわよ。ダンナさえ、その気になればねっ。ウフフフフ」

がんばってください。フフフフ。

「やあねえ、こどもの前でこんなこといわせて。ウフフフフ」

フフフフ……って、商売のジャマだから、息子つれてそろそろ帰って。

『住宅購入学入門いま、何を買わないか』長嶋修　講談社＋α新書　二〇〇五

【こちらもおすすめ】

『一生賃貸！』エイブル編　ダイヤモンド社　二〇〇五

賃貸物件を紹介する会社が出してる本なら、賃貸をすすめるに決まってる？　でも住宅販売会社だって、マイホームがトクという結論ありきで商売してます。大切なのは、家ではなくて家族だというのをお忘れなく。

お悩み其の三　江戸時代の学級崩壊

「こんにちはー」

　ヘイ、らっしゃい！　なんだ、また奥さんですか。

「なによ、来るなり失礼な。今日はね——驚かないで。なんと！　おそばを注文しちゃうんだから」

　あのぉ、うち、これでもボランティアでなくビジネスとして立ち食いそば屋やってるんで、注文されても驚きはしません。ていうか、これまで何度も店に来てたのに、うちでお金使うの今日がはじめてって。

「はいはい、おなかへったから細かいことは、いいっこなし。コロッケそば、ちょうだい。超特急で！」

　コロッケそば一丁！　……はい、お待ちどうさま。

「まあ早い。スローフードの国イタリアから来た人が、日本でファストフード作ってるなんて、おもしろいわね。ウフフ」

ところで今日は、なにかご相談ではないのですか？

「相談というより、不安かしら。ワタシ、息子の小学校でPTAの役員に選ばれちゃったのね。なんやかんやで何度も会合に出なきゃいけなくて、いまもその帰り。ああいうのって、気ぃつかうでしょ。人間って、気ぃつかうとおなか減るじゃない」

そこは個人差があると思うので賛同しかねます。

「教育って難しいものよねえ。学校もたいへん。ほら、ちかごろは学級崩壊？　授業中にこどもが騒いで授業にならないクラスが、うちの子の学校にも去年、あったらしいの。昔はそんなのなかったわよねえ。いまの子たちって、どうしちゃったのかしら。不安だわ」

うーん、それはどうですかね。

「どうって、なにが？」

そういう現象って、マスコミが一斉にワーッと取りあげるもんだから、いかにも最近急激に増えたみたいな印象を受けるものなんです。でも、授業中に騒ぐこどもなんてのは、江戸時代からずっといるんですよ。この本を見てください。『図説　江戸の学び』。

「きれいな絵がいっぱいね。これみんな、江戸時代に描かれた絵なの？」

だいたいそうです。江戸時代、町人のこどもたちは寺子屋に通って読み書きソロバンを習っていたことはご存じですよね。江戸の町では寺子屋という呼び名はほとんど使わず、手習いといってたようですが、そこでの様子を絵や版画にしたものが残って て、当時の教育を知る貴重な資料になってるんですけれど――絵をご覧になったご感想は？

「これホントに授業中なの？　取っ組みあいのケンカしてたり、ぼうっとしてたり、先生をからかって遊んでる子も、かなり多いじゃない」

よくお気づきで。ついでに先生の様子もご覧ください。

「あんまり怒ってないのね。こどもが騒いでも知らんぷりの先生も多いし」

江戸時代の寺子屋は、こどものしつけには、かなり無頓着だったようです。いくら注意しても授業中に暴れ騒ぐのをやめない問題児に手を焼いていると、日記に書き残している先生もいるくらいで。

「昔の先生は、おっかなかったんじゃないの？」

昔の先生だって、われわれと同じ人間だったんです。親から集めた月謝で生活してる以上、あまり強く叱って生徒にやめられでもしたら困るわけですよ。ある程度の悪さには目をつむろうって気持ちもわかります。

江戸時代にも評論家みたいな人が、教師を批判してました。ちかごろの寺子屋の先生は月謝目当てで、こどもの人格教育はおろそかだ、ってね。

「人間って、いつの時代も変わらないのねえ」

学校って、人間として未完成なこどもが集まる場なんだから、ある程度は混乱して問題もあって普通なんですよ。教育に万能薬はないんです。それぞれのこどもに向き合って、できるだけいい方向へ導くしかありません。

「ああ、おなかがいっぱいになったら、不安もなくなったわ。ごちそうさま。じゃあね」

あれ?　私のいい話で不安がなくなったわけじゃないんだ……。

『図説　江戸の学び』市川寛明、石山秀和　河出書房新社　二〇〇六

【こちらもおすすめ】

『日本人のしつけは衰退したか』広田照幸　講談社現代新書　一九九九

学校に無理をいう勝手な親が増えたのは最近の現象だと思ってる人が多いのです。しかし一九七〇年代にはすでに、学校現場は勝手な親の苦情に悩まされていたそうです。モンスターの親世代もモンスターだった！

お悩み其の四　お金持ちになる方法

「お母さん、ＰＳ３[1]買ってよぉ」

「ダーメ。うちは貧乏だから」

「うちって、そんなに貧乏かなあ」

「そうよ、毎月やりくりがたいへんなんだから」

「でも、段ボール食べたことないじゃん[2]」

「あれは日本でも極めてまれな例だから、ベストセラーになったの」

「お父さんは、うちは中の上くらいかな、っていってたよ」

「中の上ってのは、貧乏って意味なのよ〜」

「お母さんってときどき、小学生にもバレバレのウソつくよね。じゃあさ、お金持ちになるにはどうすればいいの？」

「そんなの、お母さんだって知りたいわよ！」

＊

「というわけで、聞きに来ちゃいました。どうしたらお金持ちになれるのかしら」

それを、しがない立ち食いそば屋の私に聞くってのは、新手の格差イジメかなんかですか？

「だってあなた、いろんな本読んでるから、なんでもよくご存じじゃない。こんなしょぼくれたお店やってる人ほど、けっこう裏では利殖とかして貯めこんでたりして」

してませんて。たしかに本屋へ行くと、株だのＦＸだの、お金もうけのやりかたを指南する本がわんさと並んでますよね。でもそういう本がたくさんあること自体、怪しいと思いませんか。つまり、絶対確実に大金がもうかる方法なんて存在しないから、次々と新しい方法が編み出されては、失敗して消えていくんです。

「ダイエット本と同じ仕組みね」

そこで今日は目先を変えてみましょう。お金持ちになるためのハウツー本ではなく、お金持ちはどんな人たちなのか、どんな暮らしをしてるのかを調査した本から学ぶというのはいかがでしょう。『日本のお金持ち研究』です。

「お金持ちがどんな暮らしをしてるか、のぞいちゃうの？　なんか『家政婦は見た！』の市原悦子みたい」

あそこまでドロドロの下世話な話を期待されると困りますけど、経済学者が書いた本にしては珍しく、とても人間くさくて興味深い内容になってます。二〇〇三年の調査なんでちょっと古いのが残念ですが、年収一億円以上の人たち数百人にアンケートやインタビューをした結果なので、信憑性は高いと思います。

ところで、年収一億円以上というと、どんな職業を想像されます？

「叶姉妹」

それは職業ではないですね。

「弁護士とか、それこそ、芸能人みたいなセレブとか？」

日本では、そのふたつを合わせても、二パーセント以下しかいないんです。引退したお年寄りを除いた現役のお金持ちでは、大多数が企業家と医師、つまり社長さんとお医者さんですね。

「うちの主人もサラリーマンだけど、がんばって社長になればセレブの仲間入りね」

残念ながら、サラリーマン社長はそれほど高い報酬をもらえません。大金持ちになれる可能性が高いのはオーナー社長です。ベンチャー企業でも始めてみては？

「ああ、ムリムリ。うちのひと、そういう肉食系っぽいガツガツしたこと苦手だから。でもせめてベンツに乗れるくらいには、出世してほしいわぁ」

お金持ちに一番人気があるのは、トヨタ車なんですよ。

「そうなの？　意外に地味なのね」

高級外車を乗り回すのが好きなのは、なぜか圧倒的にお医者さんです。クルマにかぎらず、社長さんはなにごとも堅実志向なんですよ。お金持ちになる秘訣は、健康と地道な努力だとおっしゃるかたが多いんですから。

「やっぱり現実はそんなもんか。けど、健康と地道な努力でしょ。息子にいい聞かせるには、いい話だわ。ありがとう、やっぱりあなたなんでもご存じ。わからないことって、ないの？」

「GReeeeNの歌詞が、なにいってるのかさっぱりわかりません」

「それはたぶん、オジサンだから」

（1）二〇〇九年当時の主力ゲーム機。

（2）二〇〇七年に発売されベストセラーとなった、田村裕『ホームレス中学生』にある、空腹のあまりダンボールを食べたというエピソード。

『日本のお金持ち研究』橘木俊詔、森剛志日経ビジネス人文庫　二〇〇八

【こちらもおすすめ】

『長者番付の研究』市川洋　朝日文庫　一九九六

長者番付。昭和の人間にとっては、いまや懐かしい響きです。名誉よりプライバシーが尊重される時代になり、発表されなくなっちゃいました。庶民にとっては毎年の発表が、ちょっと下世話なお楽しみだったのにねえ。

お悩み其の五　怒る技術

「最近、ゴミ出しの日を守らない人がいるの」

「ふんふん」

「下の階のおばあちゃん、犬を飼い始めたんだけど、けっこう鳴き声がうるさくて」

「そう？　全然聞こえないけどな」

「吠えるのは昼間だけなの。夜は不思議とおとなしいから、あなたは知らないだけ。あと、マンションの入り口の前に、いっつも自転車置く人がいてジャマ」

「困ったね」

「なによ、全部他人事《ひとごと》みたいに、もう！」

＊

「ああ、夫婦の危機。ユウウツ。どうしよう」

それでヤケ酒ならぬ、ヤケそばですか。うちとしてはもうかるんで、どんどんケンカしていただきたい。

「ワタシ、細かいことを気にしすぎ？　イタリアだったらどうするの？」

ご近所にですか？　ちょっとした不満でも、すぐさま怒って苦情をいいに行くでしょうね。ただし、相手がマフィアでないか確認してから。

「まあ。イタリアンジョークね」

世の中を悪くするのは無関心です。怒るほうが無関心よりはるかにマシですよ。そんなあなたにおすすめしたいのがこの本です。『怒る技術』。

著者の中島さんは日本人には珍しく、かなり強烈な個性の持ち主です。この本もそのまま使えるお手軽ハウツー本ではありませんが、ヘタな小説より、よっぽど人間の深いところをえぐり出してます。

あなたは自分だけ気にしすぎかと悩んでますけど、怒りの感じかたには個人差があって当然。一〇〇パー正しい怒りなどないんです。だからこそ、自分の中の怒りや闇と向き合って、それを相手に伝えようというのが、この本の主張です。

著者はウィーン留学時の体験で怒る技術を磨いたそうですが、ヨーロッパの人って全般的に、赤の他人にもわりとすぐに怒るんですよ。

「そういえばワタシにも経験ある。スペイン旅行に行ったとき、スーパーでお買い物して会計済ませたら、レジのおばちゃんがすっごく怒ってるの。言葉がわかんないからあせっちゃったけど、使ったあとのカゴを置く場所が違う、といいたかっただけみたいなのね」

それが普通なんです。他人に対しても、ガーッて怒る。けど、その怒りは演出、演技の面もあるんで、わりとすぐ収まって根に持たない。

「あ、そういうもんなんだ」

怒りの演技は、コミュニケーションの大切な方法です。そのレジのおばちゃんがいい例だけど、表情やしぐさがあったから、言葉が通じない相手にも怒りを伝えることができたわけだし、あなたも真剣に相手の意図を汲み取ろうとしたんですよね。

「けどね、ワタシもそうだけど、日本人は苦情をいうときも、ついつい笑顔を浮かべてしまうものなのよ」

でもその笑顔とうらはらに、ネチネチ陰口いってたりしますよね。

「それ、あるかも」

ちょいウザおやじを自称してる私は、近所のこどもを叱ることがあります。何度もやって学んだのですが、笑顔で優しく注意すると、その場では素直に聞くポーズを見せますが、大人の姿が消えた途端、同じことを繰り返すことが多いです。

まじめな顔で注意したほうが、一瞬、なんだよこのオッサン、みたいに反発する表情を浮かべますけど、いうことを聞いてくれる確率は高くなりますね。

こどもでも、相手がどれくらいの本気度で怒っているのかを感じ取れるんです。だから、相手がこどもだろうとオトナだろうと、自分の気持ちを伝えるには本気でなきゃいけません。そのためには、怒る演技も必要です。とはいうものの、そのさじ加減を習得するには、実践練習しかないんですよねぇ。

「だったら、うちのマンションの迷惑な人たちに怒ってみせてくださらない？　お友だちも呼んで、みんなで見て参考にするわ」

えーっ、なんで私が。

「無関心は世の中を悪くするんでしょ。これも社会貢献よ」

とんだヤブヘビだ……。

『怒る技術』中島義道　角川文庫　二〇〇六

【こちらもおすすめ】

『日本人のための怒りかた講座』パオロ・マッツァリーノ　ちくま文庫　二〇一六

中島さんほか怒りの先達の意見を参考に、ここ数年、自分でも他人に怒る練習を繰り返しました。効果的な怒りかたを私なりの経験からまとめた実用書。明治以降の日本人の怒りかたの歴史も研究しています。

お悩み其の六　ワシは博士じゃよ

「けっこうおもしろかったわねえ。『夏休みこども科学教室』に連れてってといわれたときからもう、お母さん、地獄のように退屈な時間を覚悟してたのよ」

「いくら理科が嫌いだからって、おおげさだよ。それにお母さん、地獄に行ったことないくせに」

「たとえよ、たとえ。オトナの揚げ足とらないの」

「なんか一箇所、すっごくツボにはまってたよね?」

「ああ、空気砲の実験のときね。最高に笑えたわ。博士が科学館の館長に向けてボンッて風を送ったら、とっさにアタマ押さえたでしょ。あの館長、きっとヅラよ」

「そんなとこがツボだったんだ……」

「あら、なんか、あんまり楽しくなさそうね」

「楽しかったよ。けどさ、あの博士、しゃべりかたヘンじゃなかった？」

「そう？　普通にしゃべってたと思うけど」

「普通だからヘンなんだよ。博士って、なになにじゃよ、ってしゃべるんじゃないの？」

＊

なるほど。たしかに日本のマンガでは、必ず博士は、ワシは博士じゃよ、みたいなしゃべりかたをしてますよね。でも現実の博士はそうはいわない。だからヘンだ、と。

「こどもの疑問って、目のつけどころがおもしろいわよね。そんなことなんでかって聞かれても、わかるわけないじゃないねぇ」

いえ、それを研究して解明した人がいるんですよ。『ヴァーチャル日本語　役割語の謎』という本に載ってます。

「うっそぉー！　どんなことでも研究してる人って、いるんだ」

著者の金水さんは、「ワシ」とか「じゃよ」みたいな博士語が関西方面の方言、しかも老人が使う言葉に似てることをとっかかりとして、博士語のルーツが江戸時代にあったことをつきとめました。

江戸が日本の中心になる前は、長いこと京都や大阪が日本文化の中心でした。そこで江戸時代の医者や学者の中には、威厳を高めるために、伝統ある関西の言葉をわざと使う人がいたらしいんです。

それが学者や博士のキャラとしてわかりやすい特徴だったため、明治時代の小説や昭和のマンガでも、ずっと受け継がれてきたんですね。

「へえ、キャラのイメージが世代を越えて伝わってたなんて、驚きだわ」

特定のキャラを連想させるいい回しをこの本では役割語と定義して、いろいろな例をあげています。関西弁をしゃべるキャラはお金にがめついヤツ、なんてイメージも定番になってますよね。

「考えてみれば、関西の人には失礼な話よね」

逆に気づきにくい役割語としては、ヒーローのキャラは標準語をしゃべるというお約束があります。これは私も、この本の指摘ではじめて気づきました。

「でも最近は、方言をしゃべるご当地ヒーローとかいうのが流行ってるらしいわよ」

もしその人気が全国区まで広まったら、役割語の重大な変化ですから、日本語学者は注目してるでしょうね。

変化といえば、お嬢様語って、ちかごろさすがにマンガでも見かけなくなったんじやないですか。

「よくってよ。素敵ですわよ。オホホーみたいな、上流階級っぽい言葉のこと?」

あれはもとはといえば、明治時代の女学生たちが作り出した流行語だったそうで、ホンモノの上流階級は、あんな言葉は使ってなかったんです。女学生のあいだで流行していたインチキ上流言葉を、当時の識者たちは下品だと非難していたくらいです。

「流行語がいつのまにかお上品な言葉になっちゃったなんて、皮肉よね」

ってことは、いまのギャルが使ってる言葉も、そのうちお上品な言葉になるんでしょうか。ウン十年後には、セレブのマダムが青山でお茶しながら、「奥様、チョーだるくねー?」「マジ、ヤベー」とかいってたりしてね。

「それはたぶん、なくってよ。オホホホー」

『ヴァーチャル日本語　役割語の謎』金水敏　岩波書店　二〇〇三

【こちらもおすすめ】

『日本語はおもしろい』柴田武　岩波新書　一九九五

九〇年代にはまだ問題視されていた、ら抜き言葉と平板アクセント（ズボンを意味する「パンツ」など）は、すでに定着しつつあります。むかしは美しいといわれた鼻濁音は廃れつつあります。言葉はいまも変化の途中。

お悩み其の七　目からウロコのお葬式

「こんにちはー。大将、いる?」

へイ、らっしゃい!　あれ、奥さんですか。今日はまた、どういう風の吹き回しですか、私を大将なんて呼んだりして。

「一度やってみたかったのよ、常連のマネ」

うしろのお客さん、席まだ空いてますから、立ってないでお好きな席にどうぞ。

「あ、これ、うちのダンナなの。けっこうイケダンでしょ①」

「どうも、ダン池田です」

「ごめんなさいね、学歴高いのに、ギャグの偏差値低くて」

こりゃどうも、今後ともごひいきに。ところで今日はお二人でデートですか?

「そんなロマンチックなもんじゃありません、オヤジの見舞いの帰りですよ」

「あのね、大将、聞いてくださいよ。今朝、久しぶりにオヤジに電話かけたら、今日、病院で手術するけど心配すんな、っていうんです。心配しないわけないでしょ、もう、いつポックリ逝ってもおかしくない歳なんだから。とるものもとりあえず女房と駆けつけたら、外反母趾《がいはんぼし》の手術だって。なんなんだよ、OLじゃあるまいし」

「まだ怒ってる」

命に別状がないんでしたら、喜ばなくっちゃ。人生、いつも明るくラテン思考でいきましょう。

「うらやましいなあ。ボクはどうも自分や家族の将来のこととなると心配性でねえ。今後のことが心配になっていろいろ聞いたら、オヤジのやつ、まだ墓も買ってないっていうんですよ。いいかげんなんだから。怒りたくもなりますよ」

おたくは仏教ですか？

「そうです」

仏教って、けっこう考えかたにラテンっぽいところがあるんですけどね。

「ええっ、そうなんですか？　初耳だ」

ぜひ、この本をご一読を。『お葬式をどうするか』。仏教学者のひろさちやさんの本は、読むとちょっと肩の荷がおりる感じがしますよ。たくさん本出てるわりには、どの本読んでも書いてあることはだいたい同じですけど。

「あら、それってさりげない悪口？」

お葬式は遺族の仕事だから、遺族の意志が尊重されるべきだというのが、ひろさちやさんの主張です。自分の葬式はどうやってくれ、墓はああしろこうしろ、なんて遺言を残すのは迷惑だからやめなさいとまでいってます。お葬式は遺族のものなんだから、遺族の好きにやればいい、と。

そもそも仏教にはお墓なんて必要ないのだそうです。おたくのお父さんは案外、仏の教えに忠実な人なのかもしれませんよ。

宗教は本来、人を救うために存在するものです。ああしろこうしろと、ヘンな義務や脅しで人々を苦しめるのは、インチキ宗教ですよ。

よくあるのが、ご先祖さまの供養をしてないから、病気や不幸になったのだ、って論法。そんなつまらない脅しも、ひろさちやさんにかかれば、あなたのご先祖様がそんな意地悪をするわけがないでしょ、と一刀両断。

「そうだよねぇ。だって、こどものしあわせを願わない親はいないんだから、先祖だって子孫を苦しめるわけないですよ。たしかに、そう考えていくと、ちょっと気が楽になるな」

いいかげん、って言葉もちかごろはもっぱら悪い意味で使われますけど、仏教ではもともとやりすぎを戒めるための良い加減、という理想的な状態を意味してました。仏教思想はやっぱりラテン系に通じるところがあるなあと思います。

そうだ、この本に載ってる、とっておきの裏技を紹介しましょう。葬式出すのが面倒なら、火葬したあと、遺骨を電車の網棚にわざと置き忘れてくればいいそうです。そうすれば鉄道会社が無縁仏として供養と納骨をきちんとやってくれるのだとか。

「なるほど！　それはいいアイデアかもしれない」

「やあねえ、男の人って、なんでそういうブラックなネタが好きなのかしら」

（1）女性誌『ＶＥＲＹ』にこの原稿を連載した当時、誌上では、いけてるダンナをイケダンと呼んでいたが、世間的には浸透しなかった模様。

『お葬式をどうするか』ひろさちや　PHP新書　二〇〇〇

【こちらもおすすめ】

『冠婚葬祭』宮田登　岩波新書　一九九九

本来の仏教では、供養して極楽浄土に行った霊魂は、ふらふらと歩き回ったりしません。だから毎年お盆のたびにご先祖の霊がこの世の実家に帰ってくるという風習は仏教のものではなく、日本古来の民俗文化なのだそう。

お悩み其の八　時間にルーズな日本人

さわやかな朝！　今日も一日がはじまるわ！　トントントン、とまな板でおネギを刻むリズミカルな音。キッチンにお味噌汁の香りが立ちこめるころには、主人と息子も起きてくる。みんな、おはよう。

きちんと朝ごはんを食べて脳が活性化したら、今日も元気に、いってらっしゃい。そしてワタシは、淹《い》れたてのカプチーノで、ほっと一息……

「なぁんて絵に描いたような優雅な朝を、一度でいいから体験してみたいものよね！　あなたもあなたよ、いつもより三十分早く出かけるって、それ当日の朝にいう？　で、こっちの寝ぼすけ小僧はまだ布団の中で爆睡中だし。いいかげん起きなさいっ！　また学校に遅刻するでしょ。時は金なりよ。いまからこんなイタリア人みたく時間にルーズじゃ、先が思いやられるわっ！」

＊

「まったく、だれに似たのかしら、あの子ったら。まさか、立ち食いそば屋兼古本屋なんてまったりしたお店に出入りして、悪影響受けたとか？」

失礼な。〝安い、早い、そこそこうまい〟がモットーの当店に対する侮辱ですよ。

「そこそこうまい、って、思っててもなかなか口にするのに勇気がいるわよね」

それに奥さん、イタリア人に対しても失礼ですよ。イタリア人だって、市場で働く人なんかは、日本と同じで毎日きちんと早起きしてるんですから。

「でもあちらでは、電車だって遅れるのがあたりまえなんでしょ」

まあね。ヨーロッパでは、十五分は遅れのうちに入らないと、堂々と宣言した鉄道会社もあるくらいですからね。

「ほら、ごらんなさい。そこいくと日本人は昔から、時間に正確なのを誇りとしてるんだから」

そうですか？　日本人はなにごとも、開始時間にはうるさいけど、終了時間にはルーズですよ。会社がはじまる時間に遅れると叱られるけど、終業時間がすぎても、だらだら仕事してるじゃないですか。

時間にうるさいと自負する日本のみなさんに、この『遅刻の誕生』という本を、ぜひ読んでいただきたい。日本人の時間感覚に対するイメージが覆りますよ。

たとえば、大都会は不夜城、眠らない街なんてイメージがありませんか。

「新宿歌舞伎町とか、六本木なんかが、そうね」

ところが実際に人々の生活時間を調べてみたら、むしろ地方のほうが夜中に出歩いてる人の率は高いことがわかったんです。

「なんで？」

都会の人の移動手段は電車です。だからほとんどの人が終電で家に帰ってしまいます。地方の移動はクルマがメインです。自分で運転していつでも帰れるから、時間をあまり気にしないそうです。

「イメージってあてにならないものね」

日本人は時間に正確というイメージ自体、じつは意外と新しく、明治時代の後半からだったようです。

「それまでは違ってたってこと？　ルーズだったの？」

江戸時代の日本では、夜明けから日暮れまでの時間を六等分して一時《いっとき》とする、なんともざっくりとした時間単位でみんなが動いてました。だから夏と冬とでは同じ一時でも、その長さは異なります。正確な現在時刻など知りようがないわけで、当時日本にいた西洋人の間では、日本人は時間にルーズな国民というイメージが強かったんです。

明治時代になるとすぐ、現在と同じ二十四時間式の定時法が取り入れられましたが、それまでざっくりと生きることに慣れてた日本人は、新たな生活リズムになかなかなじめませんでした。工員や鉄道員が一時間くらい遅刻するのは日常茶飯事。明治後半くらいになってようやく、時間を守れという教育の成果が出始めたのです。

それにしても、時間に正確って、そんなに大切なことなんですか？　数分の遅れを取り戻そうとして、電車の運転手が無理なスピードを出した結果、脱線大事故になった例はまだ記憶に新しいですよ。人の命を犠牲にしてまで守らなきゃいけない時間の正確さって、なんだったんでしょう。日本人もそろそろ、時は金なりなんて言葉を捨てて、スローライフを……

「あっ、いっけない。くだらないおしゃべりなんかしてたら、もうこんな時間。またＰＴＡの会合に遅刻だわ。じゃあね！」

あの人の息子がだれに似たかは、疑問の余地がないと思うんだけど。

『遅刻の誕生』橋本毅彦、栗山茂久編著　三元社　二〇〇一

お悩み其の九　公務員のホンネ

「テレビでよく、アマクダリはいけないっていうよね。アマクダリってなに？　なんでいけないの？」

「天下り？　そうねえ、いろいろ話に聞くところからすると……ま、けしからんことをしてる、けしからん人たちなのよ」

「さっぱりわかんないよぉ」

「あとで調べておくからカンベンして」

「立ち食いそば屋さんに聞くつもりなら、閉まってたよ」

「あら。流行ってないとは思ってたけど、ついに閉店？」

「旅行に行くから二、三日お休みするって、こないだいってた」

＊

へイ、らっしゃい！　奥さん、おひさしぶりですね。

「しばらくお休みしてたわね。旅行ですって？」

ええ、北海道にぶらりと社員旅行を。

「社員ったって、あなたひとりじゃない。おみやげは？　じゃがポックルは？」

なんですかそれ。

「北海道に行って、じゃがポックル買ってこないの？　うそ、ありえない」

べつに、あなたにおみやげ買うために旅行したわけじゃないし。

「息子に、天下りはなぜいけないのかって聞かれたのに、ここが休みなんだもの。ひさしぶりに新聞とか読んで勉強しちゃったわよ。新聞ちゃんと読むなんて、ＯＬのとき以来。もう、すっかり社会派のワタシ」

で、結論は？

「要するに、公務員が天下りしてる特殊法人には、その人たちに高い給料や退職金を払うために、税金から多額の補助金が流れてるから、けしからん！　てことよね」

まあ、バッシングの理由はそんなところですね。ランドセルのクラリーノでおなじみのクラレは毎年、新一年生の親に、こどもに将来就かせたい職業を聞いているんですが、十七年連続一位だった公務員が、二〇〇九年ついに二位に陥落しました。天下りばかりでなく、公務員もだいぶイメージダウンしてるようですね。(1)

「それでもやっぱり、自分の子は一生安泰の公務員にって希望は根強いんでしょ」

ところが公務員は、部外者が考えるほどおいしい職業ではない、と元公務員のかたが反論してるのが、この本、『実は悲惨な公務員』なんです。

「悲惨なの？　ホントに？」

私がこの本を読んで受けた印象だと、悲惨とまでいうのはオーバーですね。公務員もつらいよ、くらいの題が適当かな。

北海道夕張市の破綻を引き合いに、公務員も安泰ではないといいますけど、民間の中小企業は毎年、何千、何万件も倒産してますよ。それに比べりゃ公務員は、給料も安定性もまだまだ上です。光文社新書は、あえて、おおげさなタイトルをつけたがるんですよね。

「だいじょうぶかしら？　その発言(2)」

ただ、タイトルはべつとしても、内容面については、この本はけっこう正直に書かれてるな、と好感を持ったのはたしかです。

都心の豪華な格安宿舎に住める公務員はごく一握りの人だけだ、みたいな公務員内格差は、いわれてみればあたりまえなんです。だけど批判を恐れてか、公務員のみなさんは自分たちの実際の待遇を明らかにしたがりません。だから、かえって痛くもない腹をさぐられるってこともあるんです。彼らがみんな、この本の著者みたいに正直に話してくれれば、議論の落としどころが見えてきそうな気がするんですけどね。

天下りの人にだって生活はありますす。禁止するより、待遇に制限を設けるほうがいいのでは。天下りが年収二千万とか、庶民からすれば破格の報酬をもらってるから、バッシングされるんです。たとえば、天下りの年収がボーナス込みで上限六百万くらいに制限されてたら、そんなに文句も出ないんじゃないですか。

「公務員も大変そうね。うちの子、将来どうしよう。ねえ、ジャニーズJr.の申し込みってどうすればいいの」

社会派になったんじゃなかったんですか？

(1) 二位だったのはこの年だけで、翌年からまた、公務員は一位に返り咲いた。
(2) 『VERY』誌の版元は光文社。

『実は悲惨な公務員』山本直治　光文社新書　二〇〇八

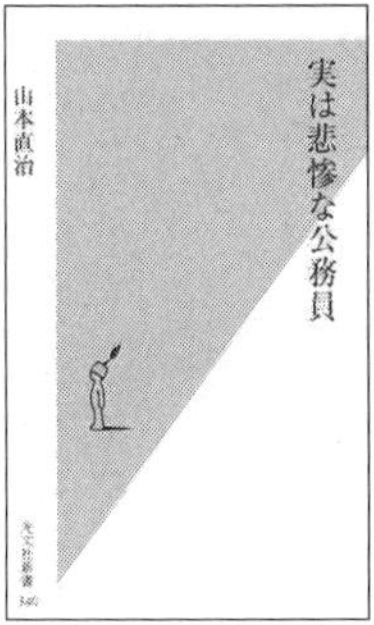

【こちらもおすすめ】

『役人学三則』末弘厳太郎著　佐高信編　岩波現代文庫　二〇〇〇

そうはいっても役人は嫌いというかたに贈る、大正・昭和を生きた法学者による役人論。役人たる者、法規を楯に形式的理屈をいえ。役人たる者、縄張り根性の涵養《かんよう》に努めよ。皮肉たっぷりに公務員のありかたを批判します。

お悩み其の十　専業主婦VS.キャリアウーマン

「こんにちはー」

ヘイ、らっしゃい！

「よいしょ、っと」

あの、奥さん？　なにしてらっしゃるんですか？

「自転車、お店の中に置かせてもらえる？　ついに買ったのよ、主婦の強い味方、電動アシスト自転車。お買い物に、ＰＴＡの会合に、ママ友とお茶するのにも大活躍。買ったばっかりなのに、おもてに置いといて盗まれたらイヤだもの」

ジャマだなあ。

「いいじゃない。どうせこの時間、お客さんいないでしょ……あら、失礼。今日は先客がいらっしゃったのね」

「主婦は毎日が楽しそうで、けっこうですこと」

「ええ、おかげさまで……ね、大将、ワタシ今日、お昼食べそびれちゃったのよ。なんかいただくわ」

新メニューのやきとりそばはいかがです。やきとりの香ばしさがそばつゆと絶妙にマッチして、なぜこの組み合わせがこれまでなかったかと、目からウロコの絶品です。

「じゃあ、コロッケそば、ちょうだい」

「〝じゃあ〟という接続詞の使いかたをまちがってるし」

「ねえ大将、なんかこちらのかた、さっきからイヤミっぽく聞こえるんだけど」

「イヤミっぽく、でなくイヤミですけど」

すいません、常連のライターさんなんですよ。

「安城子子子《あんじょうシネコ》、三〇代独身、人呼んでさすらいのフリーライター、なぜなら連載が長続きせず仕事の媒体を渡り歩くから、って、ほっとけ！」

「めんどくさい人みたいね」

「主婦は三食昼寝つきって、よくいったもんだよね。ファッションとお料理とこどものお受験の心配以外に、なんかすることあるわけ？　立ち食いそばをかっこむ間も惜しんで毎日忙しく働いてるあたしたちからすると、専業主婦なんて退屈でたまらんでしょ」

「実際やってみると、自分でもなぜだかわからないほど主婦は忙しいの。それに、会社だったらイヤならやめて他に移れるけど、主婦はご近所やこどもの学校のつきあいから逃げるわけにいかないんだから、ストレスたまりまくりよぉ。なんなら高収入のダンナをゲットして、一度お試しになってみたら？」

　まあまあ。そんなお二人にぜひおすすめしたい本が、『モダンガール論』です。歴史的資料を丹念にひもといて、主婦論争の本質を明らかにしています。文化史・庶民史のお手本といってもいい傑作です。

　これを読めば、主婦とキャリアはどっちが偉いかなんてのは、そばとうどんはどっちがうまいかみたいなどうでもいい論争だということが、よくわかります。

　そもそも明治から戦前までは、女性の人生の選択肢といえば、工場で働く女工か、上流家庭に住み込む女中、だいたいそのどちらかの低賃金労働しかなかったんです。

　年頃になれば、貧乏な娘は貧乏な男と結婚し、結婚後もこどもを抱えて働きづめで一生を終えるのが普通でした。

　そういう多くの女性にとって、勝ち組になる道は二つ。リッチな男と結婚し、主婦として家庭で地位を築くか、はたまた、花形職業に就《つ》き自立した女になるか。でもどちらも夢のまた夢でした。それがいまではどうですか。戦後の日本社会では、どちらの夢にも手が届くようになったんです。

「主婦もキャリアも、昔の女性たちからすれば、どっちも勝ち組じゃないのよ、贅沢いいなさんなってことか」

「そうよ、つまんない論争なんかやめて、勝ち組同士、お互いがんばりましょうね」

わかっていただけましたか。

「おっと、取材に行かないと……って、自転車がジャマで出らんない！　お気楽主婦、なんとかしなさいよ！」

「だれがお気楽よ！」

つかの間の休戦だったか……

『モダンガール論』 斎藤美奈子　文春文庫　二〇〇三

【こちらもおすすめ】

『侍女の物語』 マーガレット・アトウッド　斎藤英治訳　ハヤカワ epi 文庫　二〇〇一

フェミニズム文学の傑作との触れ込みでしたが、普通にＳＦとして読んでも十分なクオリティ。女性がこどもを産む道具としてしか扱われない近未来の管理社会を舞台に、社会と女性のありかたを描く、ちょっと恐い戯画。

お悩み其の十一　頼朝だってキラキラネーム

「今日も冷えるわねえ。寒いときは鍋がいちばん。今夜は鍋に決定。あれ？　おととい も鍋だったっけ。ま、いいか。鍋ならこどもの給食ともダンナのお昼ともかぶらないし……とかなんとかひとりごといいつつ歩いてたら、いつもの立ち食いそば屋さんに貼り紙が。本日、全メニュー五十円引きフェア？　ついにここにも、価格破壊の波が押し寄せたのかしら。こんにちはー」

へイ、らっしゃい！

「どうしたの、フェアなんて始めちゃって」

ええ、じつはね、フィレンツェにいる弟夫婦に娘が生まれましてね。そのお祝いなんですよ。

「あらぁ、よかったわねえ。おめでとう！」

でね、私に名づけ親になってくれといわれちゃって、悩んでるんですよ。なんかいい名前ないですかねえ。

「いつもと立場が逆転ね。ようし、今日はワタシが相談に乗ろうじゃないの。そうねえ、スリちゃんなんてどう？」

いやですよ、そんなこそ泥みたいなヘンな名前。

「失礼ね。トム・クルーズのお嬢さんよ。かわいいんだから」

イタリア語でスリといったら、魚のアジのことですよ。サザエさん一家じゃあるまいし、姪っ子に魚の名前なんかつけたら、いじめられて私が一生恨まれます。それにしても、戸田奈津子はトムに教えてあげたんでしょうか。おたくの娘の名前ヘンだよって。

「よけいなお世話でしょ」

欧米では、こどもの名前はオーソドックスなものがほとんどです。それにひきかえ、ちかごろの日本はなんですか。こどもにおかしな名前ばかりつけて。

「ほかの子と名前がかぶらないようにって親心はわかるけど、さすがにいきすぎよね。いまの子たちって、名前の漢字だけ見せられても、なんて読むのかわかんない。学校の先生も困ってるらしいわよ」

「ちっちっち。そうじゃないんだなあ」

そんな古いフレーズを口にするのは、まさか宍戸錠？

「違います。三〇代独身、婚活まっしぐらのフリーライター、安城子子《あんじょうシネコ》です」

「あ、こないだのめんどくさい人」

「変わった名前の話となったら、他人事《ひとごと》じゃないから黙ってはいられないわね。ぜひ、この本を読んでみてちょうだい。『読みにくい名前はなぜ増えたか』」

おっと、今回はお客さんに本を紹介されてしまいましたね。で、なにがちっちっちなんです？

「日本で変わった名前が流行りだしたのは、最近のこと？　ところがこの本には意外な事実が書かれてるんだなあ。兼好法師が『徒然草』の中で、ちかごろは見慣れない漢字を名前につける風潮があるが、そういうことをするのは頭の悪い連中だ、と苦言を呈してるのよね」

鎌倉時代の人たちも、こどもの名前が読めなくて困ってたってことですか。

「いわれてみれば、歴史を習ったとき不思議だったのよ。なんで源頼朝は朝を〝とも〟って読むのか。もしかしてあれも？」

「ご明察。昔の武士の名前には、名乗り字といって、本来の漢字にない読みかたをしてるものがたくさんあるの。吉凶を占って変わった漢字を使う当時の風習も、姓名判断と名を変えて現在でも続いてるし、要するに、日本人がこどもに読みにくい名前をつけたがるのは、最近の流行ではないってことなのよ。変わった名前こそが、日本の伝統を受け継いでいるのだと、あえて、いわせてもらうわ！」

強引な結論だなあ。

「ところで、あなたも変わったお名前だけど、由来はなんなの？」

「子のつく名前の子は頭がいいって説を信じた父親が、子をいっぱいつけたの。おかげでＩＱ３００よ」

「まあ、すごい」

ダメですよ信じちゃ。ＩＱで２００以上はありえないんですから。

『読みにくい名前はなぜ増えたか』佐藤稔　吉川弘文館　二〇〇七

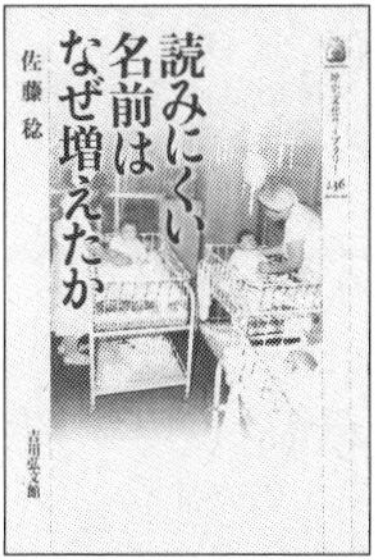

【こちらもおすすめ】

『日本の女性名』角田文衞　国書刊行会　二〇〇六

古代から昭和まで、日本の女性名の変遷を膨大な史料から力業《ちからわざ》でまとめあげた名著。いえ、あえて、怪著、奇書と呼ばせてもらいます。もちろん、ほめ言葉ですよ。こういう前人未踏の研究をする人には頭が下がります。

お悩み其の十二　のらネコと共存するには

「お母さん、たいへん、たいへん！」

「ちょっと待ってね。いまビリーズブートキャンプ(1)やってるところだから。サーコゥ、サーコゥ」

「いまさら……？」

「フリマで一五〇〇円だったから、ついつい買っちゃったのよねえ。元とるくらいはやるわよっ」

「それどころじゃないよ、たいへんなんだってば」

「どうしたの？　通学路に変態でも出た？」

「耳を切られてるネコがいたんだよ」

「ええっ。それってまさか、動物虐待？　動物虐待は凶悪犯罪の前触れだとか聞いたわよ。ヤダ、どこにいたの？」

「前の公園に」

「よしっ、確認しなくちゃ。おっと、護身用になにか……お父さんのゴルフクラブを借りていこう」

＊

「ほら、あそこにいるでしょ」

「ホントだ。かわいそう、病院つれてこうかしら……あっなんで逃げるの、待ちなさーい！」

「お母さんがゴルフクラブ振り回すからだよ」

＊

「はあ。はあ。ブートキャンプのあとに走り込みは、さすがにキツいわ」

「あの店の裏に入ってった」

「いつもの立ち食いそば屋さんじゃない。ハッ。そばといえばカツオダシ。ネコにカツブシ。つながったわ。犯人は、あなたねっ！」

へイ、らっしゃい！　なんですか息を切らして。おっ、ゴルフを始めたんですね。

「観念なさい、あなたね、のらネコをカツブシでおびき寄せて虐待してるのは！」

なんのことやら、さっぱりわからないんですが。

「とぼけないで。この店の裏に、耳を切られたネコが入ってくのを見たんだから」

それで私が犯人ですか。迷推理ですね、はっはっは。

「ほうら。悪事を見抜かれると、悪人は笑い出すものよ」

どうやら誤解されてるようですね。あのネコの耳は、のらカットです。この地域では、のらネコをつかまえて、去勢・不妊手術をしてまた放す活動をしていましてね。手術をしたネコとしてないネコを区別するために、目印として耳の一部をちょっとだけカットするんですよ。

「目印のためとはいえ、耳をカットするなんて、かわいそうじゃない」

人間だって耳にピアスの穴を開けるけど、だれも虐待とはいわないでしょ。その程度のことですよ。そうだ、ちょうどいい本が入荷してました。『のらネコ、町をゆく』。のらネコにとって一番かわいそうなことはなにか。増えすぎて、人間と共存できなくなることなんです。この本によると、かつて、のらネコにとって唯一の天敵だったのらイヌが姿を消したことで、のらネコが非常に繁殖しやすくなってしまったそうです。

カラスやサルなんかもそうだけど、どんな生き物も増えすぎれば人間にとって害獣となってしまいます。私もネコは好きですが、甚大な被害を受けた人が、怒ってのらネコを駆除したとしても、それを責めることはできません。人間にだって生活を維持する権利はありますからね。

「近所で苦情が出てるのに、こっそりのらネコにエサをやってる人もいるのよ」

無闇にエサをやる人たちは、結果的にのらネコの増えすぎに荷担して生態系バランスを崩してるわけで、それは動物愛護ではなくエゴイズムです。

適度な数を維持できれば、のらネコの存在に目くじらを立てる人などいませんよ。エサを買うお金があるなら、不妊手術運動の費用にカンパしてほしいですよ。

「あなたはネコ飼ってないの？」

ウチのアパートはペット禁止なんでね。ていうかそれ以前に、私はネコが好きなんですけど、なぜかネコのほうが私になつかないんですよね。なんででしょう？

「のらイヌみたいなニオイがするとか？」

だれが天敵だ。

（1）二〇〇七年ごろに大ヒットしたトレーニング用ＤＶＤ。

『のらネコ、町をゆく』野澤延行　ＮＴＴ出版　二〇〇九

お悩み其の十三　倫理学はおもしろい

「ねえ、お母さん」

「はっ。その声、その顔。またなにか質問ね。悩み多きわが愛しの息子よ、今日のお悩みはなんなのだ。さあ、いいたまえ！」

「なんなの、そのノリ」

「ちょっと宝塚の男役風にしゃべってみたんだけど、絡みづらかった？　で、お悩みはなんなのかしら」

「電車やバスでは、お年寄りには席を譲らないといけないんでしょ？」

「そうよ。それが道徳というものなの」

「相手がすごく元気そうなお年寄りで、自分がすっごく疲れてて座っていたいときも、譲らないといけないのかな？」

「ん……んん？　そうよね、ちかごろは、トライアスロンにチャレンジする元気なお年寄りもいることだし、自分のほうが疲れてたら、いいんじゃない、譲らなくたって――でも、世間の目ってものもあるのよね。いくら元気そうでもお年寄りには違いないわけで、事情を知らない周りの人が見たら、なにあの人、お年寄りに席も譲らずにふてぶてしく座ってて、なんて思われるかもしれないし……」

＊

「あいかわらず、答えにくい質問をしてくる子だわ。あの歳で、あんなに疑問ばかり持ってたら、将来、社会に適応できるのか心配」

いつもお気楽で過ごして、ＫＹと呼ばれるのもどうかとは思いますが。

「そうそう。そういう人も困るよねえ」

やはり自覚がないのか……

「え？　なんですって？」

いいえ、べつに。道徳や倫理は、人間にとっていちばん身近で、かつ、もっともやっかいな問題です。なにしろ絶対正しい答がない。

答がないとわかっていても、われわれは選択しなければならないんです。電車で年寄りに席を譲るか、譲らないか。それ以外の選択はありえません。どんな倫理的問題も、最終的には必ず、どちらかの行動を選ばされるんです。

「ワタシたちって、じつは毎日、いろいろな選択をしてるのね」

倫理とは、永遠のジレンマを考え続け、そこに一本の道を見出すこと。今日はこの本をおすすめしましょう。『倫理問題101問』。

倫理学って、じつはとても深くておもしろい学問なんですが、どうもいまいち人気がないのが、残念でなりません。この本は、ちくま学芸文庫という、インテリ御用達みたいなシリーズに入ってるからとっつきにくいけど、中身は具体的でわかりやすい例ばかりです。深刻なジレンマをユーモラスな寓話や日常の問題として提示してるので、読めばけっこうハマります。

たとえばそうですねえ、髪の国のロン毛族とハゲ族の物語なんかいかがでしょう。もちろん、実話でなく、たとえ話ですよ。

髪の国では、ロン毛族が社会の重要なポストをすべて握っていて、少数民族のハゲ族は、見た目がハゲだというだけで差別されたり、殺されたりしてるんです。

「ひどいじゃない、毛が薄いってだけで差別なんて」

隣国の人たちも、差別をやめるべきだというのですが、髪の国の人は逆に驚きます。

これは昔からの伝統なのに、と。

文化の違いを尊重して、差別も伝統として許すべきなのか。はたまた、見た目だけで差別されることは、どこの国でもあってはならないのか。ここがジレンマなんです。

「うわあ、たしかに難しい問題ねえ」

他にも、出生前の遺伝子検査で優秀な胎児だけを選ぶことが許されるのか、人を雇うとき能力とコネのどちらを優先させるべきかなど、１０１問もあって、解説はあるけど解答はありません。これで当分のあいだ、悩み続けられますね。

「それって、うれしいことなのかしら？」

『倫理問題101問』マーティン・コーエン　樽沼範久訳
ちくま学芸文庫　二〇〇七

【こちらもおすすめ】

『現代倫理学入門』加藤尚武　講談社学術文庫　一九九七

『倫理問題101問』が問題集なら、こちらはさしずめ参考書。いきなり問題集は敷居が高いと気後れするかたは、先にこちらで倫理学の理論的基礎をひととおり学ぶのもいいでしょう。さあ、考えなさい。もがきなさい。

お悩み其の十四　野球と統計

「あいたたた……」

へイ、らっしゃい！　おや、なぜ、肩と腰と背中が痛そうなフリをしているのですか？

「なんで痛いフリしなきゃいけないのよ。ほんっとに痛いんだから。おととい、息子とキャッチボールしたら、今日になってカラダのあちこちが筋肉痛」

ああ、歳とると、運動した数日後に遅れて痛みがやってくるといいますからね。

「えっ……。あら、気のせいか痛みがひいたような」

いまさら若いフリしなくてもけっこうです。

「じつは息子がね、野球をやってみたいって、いい出したのよ」

ダンナさんが相手をすればいいのに。お仕事が忙しい？

「それがウチのダンナったら、筋金入りの文化部体質で、運動はからっきし。だから息子の才能を見極めようと、ワタシがキャッチボールをしてあげたわけ。あの子なかなかスジがいいわね」

へえ。それがわかるってことは奥さん、学生時代に野球かソフトボールでもなさってたんですか。

「ううん。やってないけど」

経験もないのに、才能を見極められると思えるのは、自信過剰か親バカか……。そんなあなたにおすすめしたい本がこれ。『マネー・ボール』。

「タイトルだけ聞くと、野球じゃなく、お金の話みたいなんだけど」

そうなんです。有名選手を雇う予算がなかったメジャーリーグ球団アスレチックスが、いかにして無名の名選手を発掘し、金持ち球団と互角に戦えるようになったかを描いたノンフィクションですから。

以前はベテランのスカウトが、高校や大学の野球部を視察して、あいつはスジがいい、みたいに、カンと経験で選手を選ぶのが一般的でした。でも現実には、そうやって高い契約金払って雇った選手が、プロでは使いものにならなかった例が多かった。

そこで球団運営責任者（ＧＭ）のビリーが目をつけたのが、統計学でした。彼に雇われたハーバード大学経済学部卒の若者ポールが、選手の成績をつぶさに数値化し、プロで通用するかしないかの差はどこにあるかをつきとめました。

「なにが重要だったの？」

彼らの出した答は、選球眼。ヒットを打てるかどうかでなく、確実にフォアボールを選んで出塁できる者が、いい成績を残す確率が高いことがわかったんです。でも、自分もプロ選手だったビリーがいうには、選球眼は持って生まれた能力だから、練習してもよくなるもんじゃないそうです。

「なぁんだ。結局、生まれつきの才能ってことなのか」

ところが着実にフォアボールで出塁する選手はプレーが地味だから、コーチや監督のウケがよくないんです。だからビリーは、埋もれた才能の持ち主を格安の給料で雇えたんですね。それが功を奏して二〇〇〇年代前半、優勝こそできなかったものの、アスレチックスが快進撃を続けたことは、いまだに語りぐさとなってます。

「だけど数字だけで人を見るなんて、ヤな感じしない？」

それがまったくイヤミにならないのは、この本がビリーの人間くささを描いてるからでしょうね。統計オンリーの頭でっかちでなく、野球に対する人並みはずれた情熱を持った人なんです。チームが試合に負けると、ロッカールームに乗り込んでいって暴れます。他球団と電話で選手のトレードを交渉するときは、人なつっこいトップセールスマンに変身します。

数字を無視するのは愚かなことですが、数字だけに溺れて人間味を失ってしまったら、元も子もない。何事もつまらなくなっちゃいますよ。

「やっぱり、スポーツに必要なのは情熱。そして、根性と魔球とイケメンコーチよ！」

あなたがどんなアニメを見て育ったか、容易に想像がつきます。

（注）この本はブラッド・ピット主演で映画化され、日本でも二〇一一年に公開された。

『マネー・ボール』マイケル・ルイス　中山宥訳
ハヤカワ・ノンフィクション文庫　二〇一三

【こちらもおすすめ】
『コーチ論』織田淳太郎　光文社新書　二〇〇二
「今日は一生懸命やったか」「頑張りました」「今日の練習の目的は？」「さあ……」「アホか！　目的意識もない練習ならやめろ。スポーツは科学であって根性ではない」京大アメフト部の監督と選手の会話（実話）。

お悩み其の十五　いのちを食べること

へイ、らっしゃい！　お悩みですか？　おそばですか？

「じゃあ、お悩みのほうで」

またお金にならないのか……

「そういわずに、同じご町内のよしみで、話を聞いてよ。うちの子、トリ肉を食べてくれなくなっちゃったのよ。ダンナはトリが好物だから、メニューを考えるのが面倒で面倒で」

食べなくなったきっかけでも、あったんですか？

「うちの実家は農家なの。こないだひさしぶりに、ダンナとこどもと里帰りしたら、母がはりきっちゃって、ごちそう作る、って飼ってたニワトリつぶしたのね。で、よせばいいのに、羽根むしったトリを、ほうら、おいしそうでしょう、ってあの子に見せたのよ。それがトラウマになったみたいね」

あなたのKY遺伝子は、お母さんから受け継いだんですね。

「失礼ね、他人の家系のDNAまでばかにして」

息子さん、まだ小学校低学年だし、都会育ちでしょ。しかたがないですよ。いまは田舎の子でも、フナやカエルの解剖の授業を気持ち悪がるそうですから。

「でも、人間は、他のいきものを食べて生きさせてもらってるんだってことは、いつか教えないといけないわよね」

二〇〇三年に出版されて賛否両論巻き起こした、『豚のPちゃんと32人の小学生』という本をおすすめしておきましょう。いま読み返しても、考えさせられます。

小学校四年生のクラスでブタを飼う話なんです。みんな毎日のようにブタ肉料理を食べてるけど、薄切りや角切りの肉でしか目にしていません。ブタといういきものを食べているという感覚はないんですよね。生きて、エサを食べて、くさいフンをするブタの世話をすることで、いのちについてこどもたちに考えてもらおうという授業の記録です。

「普通のことに聞こえるけど、なんで賛否両論あったのかしら？」

この本の著者でもある担任の黒田先生は、最終的に育てたブタをみんなで食べようという提案をして飼い始めるんです。しかし三年間も飼育すると、情が移ってかわいくなるんですね。こどもたちが卒業するときに、ブタをどうするかでクラスを二分する激論になります。

下級生に飼育を引き継いでもらおうという意見が出ます。でも、ブタは三歳にもなると大きくなりすぎて、小学生が世話するには危険を伴います。そこで、食肉センターにつれていって肉にするという、べつの選択肢が浮かびます。下級生を危険にさらすのもまずいし、肉にするのもかわいそう。その二案のあいだで、こどもたちは揺れ動きます。最終的には先生の決断で、食肉センターにつれていくんですけどね。

これは本になる前に、テレビでドキュメンタリー番組として放送されたのですが、視聴者からは批判の電話もあったそうです。ブタを殺すなんてひどい。その先生を殺してやる！　とか。

「そんな脅迫をする人が、いちばんヒトのいのちを軽んじてるんだけど」

この話、『ブタがいた教室』のタイトルで映画にもなりました。劇映画としての出来はいまいちですが、ドキュメンタリーの再現としてなら、そこそこ観られます。

映画では妻夫木聡さん演じる教師が、自分の心情や考えをあまり吐露しないせいか、誤解してる批評が多く見受けられました。原作本を読んでくれれば、先生の考えがもっと深くわかるはずなんですけどね。

「まだうちの子に理解させるのは早いかな。じゃあワタシ、野菜のソムリエになって、トリの代わりにおいしい野菜料理を作るわ！」

方向性がずれてるけど、前向きだからいいか。

『豚のPちゃんと32人の小学生』黒田恭史　ミネルヴァ書房　二〇〇三

【こちらもおすすめ】

『世界屠畜紀行』内澤旬子　角川文庫　二〇一一

世界各国の屠場を取材して食肉解体の様子を克明に記した貴重なルポ。決してキワモノではないし、不快感もありません。食文化について改めて考えさせられます。ホントの意味での肉食系男子・女子なら、ぜひご一読を。

お悩み其の十六　日本人が知らない西遊記

「あなたはできる子だって、お母さん、ずっと信じてた。劇の主役に抜擢されただなんて、感激だわ。おめでとう！」

「ともだちの誕生会でミニコントをやるだけなのに。おおげさだなあ」

「やるからには、どんな役でも全力でぶつからなきゃ。で、なんの役なの？」

「西遊記の孫悟空」

「あらそう。じゃあさっそく、役作りの方向性を考えなきゃね」

「それって、コントに必要？　そんなことより、西遊記の疑問をコントにしようと思うんだ。たとえばさ、孫悟空の武器って棒だよね。剣とか斧とか使えばもっと簡単に敵を倒せそうなのに、なんで棒なんだろ？　沙悟浄はカッパなのに、水のない砂漠を歩けるのはヘンだよ。なんで妖怪たちは三蔵法師をしつこく狙うの？　なんでなんで？」

＊

「というわけでワタクシ三蔵法師は、妖怪なんでなんで小僧の質問攻撃から、命からがら逃げ出してきたのでありました」

ようこそ、旅の僧よ。あなたがこの立ち食いそば屋兼古本屋にたどり着いたのは天のお導きです。なぜなら、ちょうど岩波文庫の『西遊記』全十巻が入荷したところだったからです。さあ、いますぐお買い上げを。

「ウソー！『西遊記』の原作って十巻もあるの？　そんな大長編、全部読んでるヒマなんか、あるわけないじゃない。あなた読んだわけ？」

もちろん。個人的には中国娯楽小説のベストですよ。この大長編を読むのがおっくうなら、『西遊記』の訳者、中野美代子さんが解説書を何冊も出してますから、それを読んだらいかがです。その中の一冊、『『西遊記』XYZ』には、三蔵法師を女だと思ってる日本人がけっこういると書いてあって、ビックリしました。

「ちがうの？　てっきり、瀬戸内寂聴みたいな尼さんなのかと思ってた。だって私が見たドラマでは、三蔵の役はいつも女優さんがやってたわよ」

それはたぶん、夏目雅子以降の伝統みたいなもんでしょう。彼女が演じた三蔵があまりに印象的でドラマも大ヒットしたものだから、それ以来、日本では女優が三蔵を演じるのが定番になってしまったんです。

古典が映画やドラマになると、現代風の味付けがされたり、原作の設定とはかけ離れたものになったりしがちです。映像化の過程で切り捨てられたディテールを発見できること、それこそが、古典を読む愉しみなんですよ。とくにこの『西遊記』は読みやすい訳だから、ぜひ原作を読んでほしいなあ。登場人物も多くないから、『三国志』や『水滸伝』みたいに、初心者には誰が誰だかわかんないってこともありません。

「カレーうどん注文するから、息子の疑問の答だけ、手っ取り早く教えてくれないかしら」

まったく、もう……へイ、カレーうどん、お待ち。

妖怪どもが執拗に三蔵をつけ狙う理由でしたよね。それも原作にはきちんと書いてあります。はるばるインドまでお経を取りに行くという崇高な使命を帯びた童貞の肉をくらうと、不老長寿になると妖怪のあいだでは信じられているからなんです。

「妖怪も不老長寿が望みなの？　妖怪って、もともと一〇万三八歳とかまで生きるんだと思ってた」

それは日本のロックシンガーですね。それに、彼は妖怪じゃなくてデーモンだし。

孫悟空の武器、如意棒《によいぼう》ですが、あれはただの棒じゃありません。海底に沈んでいた大きな鉄の柱を妖術で細くしたもので、その重さ、一万三五〇〇斤《きん》。いまの単位に直すと、およそ八トンになります。

「重さ八トンの棒で殴られたら、たしかにひとたまりもないわね」

沙悟浄は原作本の挿絵では、ひげ面《づら》のおっかない顔したおっさんとして描かれてます。原作イメージの沙悟浄にぴったりな日本人は、木村祐一さんですね。

「キム兄？　カッパとは似ても似つかないじゃない」

訳者の中野さんの説によると、沙悟浄は揚子江に棲息するワニの妖怪じゃないかとのことです。少なくとも、カッパでないことだけはたしかです。カッパは日本の妖怪なんですから、中国の古典に登場するのはおかしいんです。

さあ、これでお子さんの疑問にも答えられるでしょ。

「ありがとう、助かるわ。ところで三蔵はインドでカレー食べたのかしらね」

それはさすがに原作にも書いてなかったなあ……。

『西遊記』（一～十）
中野美代子訳　岩波文庫　二〇〇五

『『西遊記』XYZ』
中野美代子　講談社選書メチエ　二〇〇九

お悩み其の十七　行動経済学って何？

「ただいま。ん？　その表情、なにを企んでいるんだい？」

「おかえりなさい。なにも企んでなんかないわよ。勝利を確信した者のみが浮かべることを許される愉悦の笑み、かしらね」

「文学的な表現をするね。現実的なボクにもわかるように説明してよ」

「ジャーン。ロト6。ここ数か月の当選番号を研究したら、7と13がしばらく出てないことに気づいたの。てことは、確率からいって、そろそろ出るころじゃない？　次の当選金はいただきよ！」

「……んふ。んふふ。んふふふふふ」

「まあ、なによ、そのヒトを小馬鹿にした含み笑いは」

「パチンコや妙な投資にはまって大損する主婦がいるというけど、きみは宝くじで夢を見ていられるようだから、安心したよ」

「なんなの？　ようし、明日の抽選結果を見て驚かないでよね！」

＊

で、結果はどうだったんですか？

「どうって、わかりきってるじゃない。一億当たってたら、こんなしけた立ち食いそば屋さんにグチこぼしに来ないわよ」

ごもっとも。あは。あはは。あはははは。

「ちょっと！　お客を笑うなんて失礼でしょ」

サイコロを六回振って一度も六の目が出なかったら、次はいかにも六が出る確率が高くなってる気がしますよね。でもじつは、六が出る確率は六分の一のまま変わらないんです。ダンナさんは理系の人だから、ロトの当たり数字も同じだと見抜いて笑ったんでしょう。

「えー、そうなのぉ？　夢のない話ねえ」

あなたみたいにカン違いした人たちが、宝くじの売り上げを支えて経済活動に貢献してるのかもしれませんね。それで思い出しました。『行動経済学』っておもしろい本があるんです。

「あなた、経済学は嫌いだとかいってなかったっけ」

人間は、すべてのものごとが起こる確率を完璧に計算できて、つねに自分だけが絶対トクする選択をするはずだ、という仮定の上に理論を組み立てるのが、これまで主流だった経済学なんです。

「そんな人間、いるわけないじゃない」

そのとおり。行動経済学はその仮定に異議を唱えました。むしろ人間の誤った思いこみや感情によって経済は動いているんじゃないか、ってことを研究しています。類書はたくさんありますが、今日はこの光文社新書のをおすすめしておきましょう。

「その選択にも、なんらかの経済的圧力が……？」

ありませんて。難しい数式による説明もありますけど、そこはすっとばし、さまざまな実例を読むだけでも楽しめる本だから、というのが、この本をすすめる理由です。

こんなのはいかがでしょう。イスラエルの保育所で、こどものお迎えの時間に遅刻する親に罰金を課したら、逆に遅刻する親が増えたなんて例とか。

「どうして？」

罰金で抑えようとしたつもりが、親たちはそれを延長料金のように考えてしまい、遅刻が正当化されちゃったんです。経済的な制裁がモラルを低下させ逆効果になることもあるんです。

いったん始まった公共事業をなかなかやめられないのは、食べ放題バイキングに何千円も払ってしまうと、おなか壊しそうになっても無理して食べてしまうのと同じ心理がはたらいてるんだとか。人は、一度お金を払ってしまうと、その後の損得の判断が冷静にできなくなるんだそうで。

「わかるわぁ、それ」

ギャンブルで得たあぶく銭は、またギャンブルに使われることが多いという研究結果もあるそうですよ。奥さんも気をつけてくださいね。

「だいじょうぶ。ロトはやめて、サマージャンボ一本に賭けるから。さあ、西銀座チャンスセンターに並ぶわよ！」

こりない人だ。

『行動経済学』友野典男　光文社新書　二〇〇六

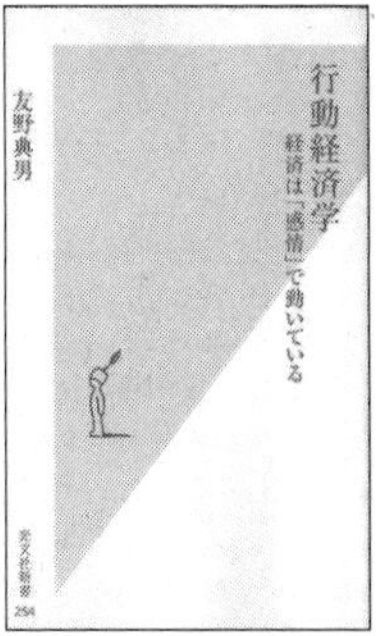

【こちらもおすすめ】

『株式会社という病』平川克美　文春文庫　二〇一一

会社経営者という立場から経済理論やビジネス理論にもの申す本。お金儲けの天才は、お金儲けしかできないボンクラだと著者は突き放します。ならば、経済学者は経済理論を語るだけの能しかないボンクラなのかもね。

お悩み其の十八　活字で読む落語

「あー、暑い。あんまり暑くて、目が霞んできたわ」

へイ、らっしゃい！　暑いときは冷たいそばにかぎりますよ。

「大将、いま何どきだい」

一時すぎですね。

「そういうと、おそばが安くなるらしいんだけど」

ん？　うちは合い言葉の割引サービスなんて、やってませんけど。

「落語でそういうの、あったじゃない」

はいはいはい。「時そば」のことをいってるんですね。小銭で勘定を払ってる最中に時間を聞いてごまかそうってやつ。ようやく意味が通じました。奥さんは、ときどきなんの脈絡もなしにボケをぶっこんでくるから恐ろしい。

「あなた、落語にも詳しそうね」

むかしはけっこう好きでした。近頃は、とんとごぶさたで。

「何年か前から、世間じゃ落語ブームとかいわれてて、ずっと気になってたのよ。だから昨日の午後、お友だちと寄席に行ってみたの」

特別興行でなく、普段の昼席ですか。

「うん。でもねぇ……正直いっちゃっていい？　あんまりおもしろいと思えなかったのね。落語って、勉強しないとおもしろさがわからないものなの？」

いいえ、奥さんの感想はごもっともです。私も東京の寄席はむかし何度か行ったきり。いまは行く気になれません。寄席に出てる落語家のほとんどは無名です。無名だけどおもしろい芸人なんていないんです。放送できないような特殊な芸風でないかぎり、おもしろい人は絶対テレビがほっときません。だから知らない落語家ばかりが出てる寄席がおもしろいわけがない。

「まあ、今回はずいぶんと辛口ね」

初心者は、悪いことといわないから、有名な落語家が市民会館みたいなホールでやるのを聞きに行ってください。寄席に行くのは、それからだって遅くない。

有名な人の落語ならＣＤやＤＶＤになってますから、それで鑑賞するという手もありますけど、お値段も張ります。今日はせっかくですから本で読む落語の楽しみをお教えしましょう。

おすすめは『志ん朝の落語』。一〇年以上前に、若くして亡くなってしまった、古今亭志ん朝という、人気実力ともにトップクラスの落語家がいたんです。桂歌丸さんとか林家木久扇さんと同世代ですから、生きてればまだまだ現役で活躍していたはずです。首都圏では錦松梅というふりかけのCMにも出てましたっけ。見たことないですか?

「悪かったわね、田舎者で」

この本は、志ん朝の高座を録音したものを、そっくりそのまま活字にしてるところがいいんです。「ねぇ?」という口癖や、「なに言ってン」「そういうところイ行くんです」みたいな江戸弁なまりなんかもいきいきと再現されてます。

読めば納得できますが、やっぱりうまい人は言葉のリズムがいいんですよ。「御《ぎょ》慶《けい》」に出てくる長屋の夫婦の会話なんかも、自然とキャラが立ってきますしね。

志ん朝は、うまいのはもちろんだけど、わかりやすくておもしろい。そのためにいろいろ工夫してるんです。あたりまえのようでいて、これがなかなかできません。つまんない落語家って、時代に即したアレンジがヘタな人なんじゃないですかね。

「古典落語なのに、アレンジしちゃってもいいの？」

歌舞伎だって、現代風の演出を加えたりしてますよ。庶民のための娯楽である落語が伝統芸能を気取ってどうするんですか。

シリーズ第二巻の人情話も絶品ですが、私はあえて第四巻の粗忽《そこつ》話をおすすめします。東京では、泣ける人情話がうまい人ばかりが評価されがちなんですが、落語の基本はやっぱり、おっちょこちょいな人たちが繰り広げる毎度バカバカしいお笑いですからね。

「あっ」

どうしたんです？

「暑さのせいで目が霞むのかと思ってたけど、よく考えたら今日コンタクトするの忘れてた」

おあとがよろしいようで。

『志ん朝の落語』(一〜六) 古今亭志ん朝　京須偕充編
ちくま文庫　二〇〇三、二〇〇四

【こちらもおすすめ】

『創作落語論』柳家つばめ　河出文庫　二〇〇九

原著は一九七二年刊。同時期に書かれた談志の名著『現代落語論』の陰に隠れてるけど、こちらも一読の価値がある名著です。落語は、いいかげんでダメな人間を追い詰めません。人間の弱さを肯定するものなのです。

お悩み其の十九　おもしろい文章が書きたい

「ねえねえ、お母さん。ぼく今晩カレー食べたいな。あれ？　アタマ痛いの？」

「心配してくれてありがとう。だいじょうぶ、考えごとしてるだけ」

「どうかした？」

「エッセイか小説のコンクールに応募しようと思っていろいろ書いてるんだけど、なかなかうまくまとまらないのよねえ。さてと、夕飯の買い物に行ってこなくちゃ」

＊

「ここんとこ、創作意欲がとめどなく湧いてくるの。メキシコ湾の原油流出事故並みよ(1)」

もっとキレイなたとえがありそうなものですが。

「なのに、意欲だけが空回りしちゃってる、みたいな？」

奥さんの場合、日常生活を赤裸々につづるだけで、天然ミセスエッセイ大賞とか獲れそうですけどね。

「そんな賞ないわよ。それに再三いってるけど、ワタシは天然ではありません」

天然の人は、おしなべてそういいます。

「昔からよく、文章読本とか文章術みたいな本があるじゃない。なんか実践的で使えそうな本ってないかしら」

でしたら、これなんかいかがでしょう。『演劇入門』。

「え〜？　今回はシナリオじゃなくて、エッセイか小説で勝負するつもりなんだけど」

たしかにこの本は、戯曲の講座で教えられてた内容をまとめたものですが、散文でも使えるテクニックが満載です。

私も駆け出しのライターだったころ、文章読本みたいのは何冊か読みましたけど、どれも役には立たなかったですね。そんななか、唯一、目からウロコが落ちる思いがしたのが、この本だったんです。

リアルなセリフとはなにか、リアルとはなにか、ということを詳しく具体的に解説しています。これって、他の文章読本にはまったくない視点なんですけど、じつはエッセイや小説、コラムでも、リアルであることはとても重要なんです。文法的に正しい文章でも、表現が不自然だと、つまらなくなりますから。

たとえば、遠いイメージから入れ、なんてアドバイスは、初心者がやりがちなミスを的確に指摘しています。

「遠いイメージ？」

美術館を舞台にした芝居の幕が開き、最初に登場した役者が「ああ、美術館っていいなあ」。これがもっともダメなセリフの例。セリフが説明的すぎて、不自然なんです。実際に美術館で「ああ、美術館っていいなあ」なんていってる人、います？

「たしかにそんな人、コントでしかお目にかかれないわね」

いきなり美術館という言葉を出さず、デートに来た二人のなにげない会話から入って、じょじょに美術の話に持ってくほうが自然ですよね。それが遠いイメージから入るってことです。

エッセイでも、「今回、結婚というテーマでエッセイを書くことになったのだが」なんて、いきなりお題の説明から始めちゃう人って、けっこういるんですよ。これ、読む側からするとシラケます。おまえの執筆事情なんかどうでもいいから、さっさと本題に入れ、と。

「……」

なんですかその沈黙は。さては、書きましたね？　まあとにかく、ちょっと遠いイメージから雑談っぽくはじめるほうが、話が自然に広がりやすいんです。たぶんプロの物書きはみんな無意識のうちにやってるんでしょうけど、そういうリアルさって、いわれないと気づかないものなんです。

でも著者の平田さんいわく、なにより大事なのは、勇気を持って書き始め、最後まで書ききること、だそうです。失敗作でも完成させないと、絶対文章は上達しません。

「うーん、耳が痛い」

ヘイ、らっしゃい！　おや、息子さんが来ましたよ。

「あー、やっぱりここにいた。お母さん、おなかすいたよ」

「あら、もうこんな時間？　買い物帰りに道草しちゃった。ようし、今夜は無国籍風創作エスニック料理を作るわね」

「ごくふつうのカレーでいいよぉ」

（1）二〇一〇年に、メキシコ湾の海底油田で大規模な原油流出事故が起きた。

『演劇入門』平田オリザ　講談社現代新書　一九九八

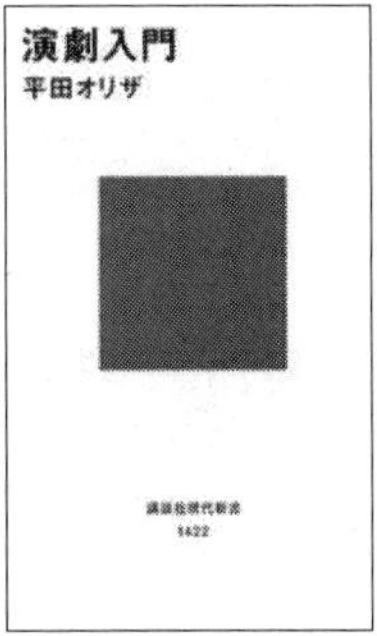

【こちらもおすすめ】

『〝劇的〟とは』木下順二　岩波新書　一九九五

じつは私、生の舞台演劇は苦手でして、ほとんど見たことがありません。映画とちがって目の前で役者が演じてるのに、つまらないからと途中で席を立つのもねえ。だけど演劇論みたいな本を読むのはわりと好き。

お悩み其の二十　バナナの皮はなぜすべるのか

「なんべんいったらわかるのっ。また散らかしっぱなし」

「テレビ見終わったら、片づけるよぉ」

「ダメ。いま、やんなさい」

「はぁ〜い」

「だらしないんだから。脱いだ服もランドセルもみんな床の上で、足の踏み場もない……キャッ、なにか踏んだ。お菓子の袋！　もう、これがバナナの皮だったりしたら、すってんころりん、大けがしてたかもしれないじゃない」

「あはは。お母さんって、ベタだなあ。バナナの皮ですべるなんてマンガみたいなこと、あるわけないじゃん」

＊

「ええ、ええ、ベタですとも。どうせワタシは昭和の女。いまや平成生まれのママもいる時代なのよね。ああ、オソロシイ……」

ホントにあるらしいですよ。

「なにが？」

だから、バナナの皮ですべってケガすることですよ。

「でしょでしょ？　ほうらやっぱり。あれだけ頻繁にマンガやコントで繰り返されてきたんだから、ないわけがないって。さっそくウチの子に教えて、ギャフンといわせてやらなくちゃ！」

ギャフン、って……。お子さんに教えてあげたいのなら、まずはこの本を読んでみてはいかがですか。『バナナの皮はなぜすべるのか？』。たぶんまちがいなく、今年（二〇一〇年）出た本の中で珍本度ナンバーワンですね。

「バナナの皮ですべる実験でもしてるの？」

そういう科学的なアプローチにもふれてますけど、この本の主題は、バナナの皮とお約束ギャグをめぐる文化史なんです。バナナの皮ですべるという、だれもが知ってるのに、みんなが避けていたベタな切り口から、歴史と文化にメスを入れてるのが逆に新鮮。ハンパない情報量だけど難しいところが一切ないから、だれでも楽しく読めるんです。

なにしろ著者の黒木さんは、バナナの皮ですべるというギャグを最初にやったのはだれなんだろう、という疑問を抱いてから五年くらいの歳月を費やして、バナナの皮についてしつこく調べ続けたんです。

「世の中には、いろんな研究してる人がいるのねえ。で、だれが始めたギャグだったの?」

以前は、チャップリンの映画を元祖とするのが定説だったのですが、それより何年も前に公開された映画で、すでにやってたらしいんです。だからチャップリンが考えたギャグでないことはまちがいない。ただ、昔の映画のフィルムはほとんど残ってないので、映画でバナナギャグを最初にやったのが誰なのか、確証を得るのは難しいでしょうね。

さらに歴史をさかのぼると、一九世紀後半、アメリカにバナナが輸入されるようになったのとほぼ時を同じくして、道路に捨てられたバナナの皮で転倒する事故が社会問題にまでなっていた事実が浮かび上がってきます。

「笑いごとじゃなかったわけね」

戦前の日本の新聞雑誌でも、バナナの皮を道や汽車内の通路に投げ捨てる公徳心のなさが問題視されていたことには驚きました。だって日本の年輩の人たちは、昔はバナナは貴重品で病気のときしか食べられなかった、ってよくいってますよね？

「その話、飽きるほど聞かされた」

高級品だったけど、傷んだ売れ残りは激安処分され、浮浪者の主食になってたそうなんです。文化史って、人々の記憶から失われかけた意外な事実がわかるから楽しいんですよ。

それにしても、よく飽きずにバナナの皮のことをこれだけ調べ上げたものです。私なんて飽きっぽいから、ひとつのテーマで本一冊書いたことないもの。こないだ出した『13歳からの反社会学』も、いろんなネタの詰め合わせですから。(1)

「まあ、他人の本の紹介をしつつ、ちゃっかり自分の本の宣伝？　あなたのツラの皮はなぜ厚いのか調べてみたいわね」

（1）二〇一〇年九月刊。

『バナナの皮はなぜすべるのか?』黒木夏美　水声社　二〇一〇
（二〇一八年にちくま文庫として刊行予定）

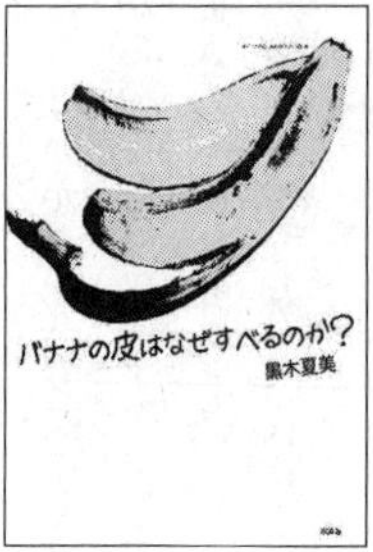

お悩み其の二十一　スピーチには名言辞典

「たのもう！　たのもう！」

へい、らっしゃい！　って、ウチは立ち食いそば屋兼古本屋ですから。そんな道場破りみたいな掛け声で入ってこないでください。

「グルメの道場破りがやって来て、そばの味で勝負を挑まれたらどうするのよ？」

不戦敗です。

「だらしないわねえ……そんなことより、ワタシ、いま超お困り中なの。たのまれてちょうだいな」

いつものことです、うかがいましょう。

「あさっての日曜、ダンナの部下の結婚式に、夫婦で出席するの。ダンナの礼服とか、ワタシの着物の用意とか、もう準備万端と安心してたら、ゆうべダンナがいうのよ。

スピーチの原稿出来た？　って。ダンナは理系で作文が苦手だから、文系のワタシにまかせなさい、こじゃれたスピーチを書いたげる！　って大ミエ切ったのに、完全に忘れてた」

結婚式のスピーチねえ。人生に大切なのは三つの袋です、とかなんとかいっとけばいいんじゃないですか。日本では定番なんでしょ？

「イヤよ、そんなありふれたスピーチじゃワタシのプライドが許さない。外国の人って、スピーチでこじゃれたこといって場を盛り上げるじゃない。ダンナにああいうのをやらせたいの。なんか教えてくれない？」

でしたら、こんな本はいかがでしょう。『世界名言大辞典』。欧米人がうまいことをいったときは、たいてい、ジョーク集か引用句辞典がネタ元です。自分で考えてるわけじゃなく、そういうとこから借用してくるのがうまいだけなんですよ。

「なぁんだ、パクリなのね」

日本にはことわざ辞典はたくさんあるけど、引用句辞典は少ないですね。そのうえ、編者が生真面目なかたばかりなのか、陳腐で説教くさい引用句ばかりが並ぶ辞典が多いような気がします。

そんななか、この『世界名言大辞典』は、古今東西の名言から、ちょっとニヤリとできるスパイスのきいたものを多めに選んでるからおすすめです。項目別の目次があるのも便利ですね。

「じゃあ、結婚、って項目もあるわよね」

もちろんですとも。えーと……はい、整いました！

「そんなところはパクらなくてもいいから[1]」

結婚生活——このはげしい海原を乗り越えていく羅針盤はまだ発見されていない。

——イプセン

「いきなり不安をあおるわね。そんなこといわれたら、若い二人はビビっちゃわないかしら」

結婚とは、男の権利を半分にして義務を二倍にすることである。

——ショウペンハウエル

「新郎を脅さないでちょうだい。式の途中で逃げ出したらどうすんのよ。もうちょっとこう、三つの袋みたいに含蓄のあるアドバイスがほしいんだけど」

結婚とは、三か月間愛し合い、三か年間喧嘩をし、三十年間我慢し合うこと。

——テーヌ

「わかるけど、わかるんだけど、未来に希望が見えないわ。しあわせっていったい、なんなのかしら」

幸福とは、巧みにだまされている状態を続けること。

——スウィフト

結婚生活や家庭運営は甘いことばかりではありません。忍耐とダマしあいが重要だとわかっていただいた上で、新郎新婦には、この言葉を贈ります。

王様であろうと、農民であろうと、自己の家庭で平和を見出す者がいちばん幸福な人間である。

——ゲーテ

「あら、なんかホントに整っちゃったわよ？　ようし、いまの流れを台本にまとめて、今夜ダンナに猛特訓させなくちゃ。じゃあね、ありがとう！」

まいどー。いいのかな、あんなんで。スピーチというより、余興みたくなっちゃったけど……いろいろ変わったことやらされるご主人こそ、いい迷惑だよな。

主人とはいえ結局は家庭の一奴隷。

——メナンドロス

（1）「整いました！」はお笑い芸人のねずっちが、なぞかけのネタができたときにいうセリフで、当時流行っていた。

『世界名言大辞典』　梶山健編著　明治書院　一九九七

お悩み其の二十二　なんとかと煙は……

（二〇一〇年一二月）(1)

「ねえ、お母さん、今度のお休み、東京スカイツリー見に行こうよ！」

「いいけど、まだ工事中だから登れないわよ。下から見るだけじゃ、つまんなくない？」

「そっかぁ……」

「楽しみは先にとっといて、完成してから行って登ろう。ね？」

「いつ完成するの？」

「再来年の冬か春だったわね、たしか」

「えーっ。超未来じゃん……」

*

ははは。超未来とはよかったですね。歳とると、一年や二年くらい、鼻毛ぬいたりしてるまにすぐ来ちゃいますけどね。

「うちの子、展望台とか高いところに登るのが大好きなのよ。スカイツリーの完成が再来年と聞いて、がっかりしちゃったみたい」

そういえば、おたくも高層マンションでしたっけ？

「うん。でもうちは二階だけどね」

なんだ。

「だって眺めなんてすぐ飽きるわよ。毎日のお買い物や通勤通学を考えたら、地面に近いほうが絶対ラク」

現実的だなあ。でしたらお子さんに夢を与え、元気を出してもらうためにも、これをおすすめします。『超高層ビル　日本編』。

「なにこれ。ビルの写真ばっかり」

ええ。日本全国にある超高層ビルやマンションの写真だけを集めた写真集ですから。

「多いとは思ってたけど、こうして並ぶと、超高層の建物って、たくさんあるのねえ」

ただ、この本は純粋に写真だけしか載ってないんで、図鑑としてはいいけれど、欲をいえば、少しは解説とか著者の思い入れ、散策マップみたいなものも収録してほしかった気もします。そうすれば、高層建築物巡りガイドブックとしても使える本になったのに。ちょっと残念。

ということで今日は、なにをかくそう、高いところが好きな私が解説を買って出ましょう。タワーばかりでなく、街の中にある超高層ビルには、展望室のあるものもけっこう多いんです。スカイツリーが出来るまでの予習として、べつの高い建物に登ってみるのはいかがですか。

私のおすすめベストスリー。まずは、東京お茶の水、明治大学リバティタワー。都内ではさほど高いビルではありませんが、一七階に見晴らしのいい学生食堂があるんです。ひょっとしたら日本一高いところにある学食、かな？　学外の一般人も利用できますから、ぜひ窓際の席に陣取って素敵なランチを満喫してください。ただし日曜・祝日はお休みです。

「お料理はどうなのかしら」

マズくはないけど、しょせんは学食なんでフツーです。味にはあまり期待しないでください。安さとボリュームで勝負です。

次は、大阪駅近くの梅田スカイビル。ここは展望室じゃなくて屋上に出られるのがウリ。地上一七三メートルで吹きっさらしなんですよ。天井がないんですよ。この開放感には度肝をぬかれました。なにが展望室じゃ、天井なんか取ってまえ！　いてまえ！　浪花のど根性じゃい！

「あなた、なんか関西人に偏見もってない？」

最後は札幌駅前ＪＲタワー。タワーといっても複合施設ビルなんですが、ここの展望室の目玉は、男子トイレです。小便器が、ガラス張りの窓際に並んでます。天空に向けておしっこをしてる気分です。

「もう、男ってヘンなところで喜ぶわよね」

でもこのトイレを設計したのは、女性建築家なんですよ。なんで男心がわかるんだろう？

それにしても、マンションはべつとして、オフィス用の超高層ビルには必ず展望室を作れよ、といいたい。それがなくて、なんのための超高層か。展望室がなくて、どうしてビルと市民との一体感が生まれようか。

「セキュリティとかの問題があるんじゃないの？」

だったら、目立つ超高層ビルじゃなく、地下に秘密基地でも作ればいいのに。

「一理あるかも」

（1）東京スカイツリーの開業は二〇一二年五月。

『超高層ビビル　日本編』中谷幸司　社会評論社　二〇〇八

【こちらもおすすめ】
『超高層ビルの〝なぜ〟を科学する』
大成建設「超高層ビル」研究プロジェクトチーム　アーク出版　二〇〇九

建築方法から災害対策、エレベーターや下水管などの設備まで、あらゆる疑問に答えます。超高層の建物自体の寿命は、一〇〇年から二〇〇年！　なのに赤坂プリンスホテル（新館）はたった三〇年で解体しちゃってますけど……。

お悩み其の二十三　マジメに食を考えよう

「大将、いる？」

ヘイ、らっしゃい！　いつでもいますよ。従業員は私一人だから、いなくなるときは店じまいのときです。

「別れるときは、死ぬときです、って宣言したのに別れた夫婦もいたわよね」

えーっと……ルミ子と賢也？　そんな古いネタは忘れてあげなさいって。それにしても今日はまた大荷物ですね。

「そうよ、スーパーの特売日だもの。こういうときにまとめ買いしとかなきゃ。節約、節約」

なんです？　ダンナがリストラか早期退職になったとか？

「縁起でもないこといわないでちょうだい。去年、天候不順で野菜が高騰したじゃない。あれで懲りたのよ。ああいうことって、きっとこれからも繰り返すだろうから、安い食材中心で家計を引き締めなくちゃって」

まあたしかに、安い食材は魅力かもしれないけど、それが本当に世の中をよくしてるんでしょうかね。『日本の「食」は安すぎる』という本は、べつの見かたを教えてくれます。

「安すぎる？　一円の価格差にも敏感な主婦には、聞き捨てならない話ね」

冷静に考えてくださいな。牛丼やハンバーガーが激安なのは、材料費と人件費のコストを極限まで削ってるからです。それが本当に豊かさなのか？

著者の山本さんもいうように、三〇年くらい前までは、牛肉って日本の庶民にとってはごちそうだったんですよ。それがいまや、牛肉をありがたく味わうことがなくなりました。日本人のアラフォー世代なら、昔のマンガでは、今晩はすき焼きよ！　やったー！　なんてセリフが定番だったのをおぼえてるはずです。

「ワタシはアラフォーではないけど、こどものころ読んだ記憶がある。アラフォーではないけれど」

念を押さずともけっこうです。こちらも誤解のないよう念押ししますが、この本はよくありがちな、これは買ってはいけない、あれは食べてはいけない、みたいにケチつけまくる本ではありません。

著者が主張してるのは、国産の本当においしいたべものはちょっと高いけど、おいしいものはみんなで買い支えていこうよ、それがまわりまわって日本の経済もよくするんだよ、という建設的な提言なんです。

「たしかに、〇〇はいけない、って批判ばかりでは、前向きとはいえないわよね」

この本では、著者が全国で出会った、純国産のおいしい野菜や、国産材料にこだわって作ったおいしいものをたくさん紹介しています。生だと辛《から》いが火を通すとトロッと甘くなる千寿葱だとか、国産材料だけを使った藁苞《わらづと》納豆とか。

牛肉にしても、日本では霜降り黒毛和牛ばかりが珍重されますけど、赤身肉に旨み成分が詰まった日本短角牛を食べたら、もう霜降りなんか食べる気もしなくなるそうですよ。

でもおいしいものはみんな、それなりのお値段がします。四七〇円の納豆とか、一本一〇〇円のネギとか、一玉一〇〇円のタマゴとか。

手間ひまかけてものを作れば、どうしても高コストになります。消費者が安さだけを要求すると、生産者はコストを削り、いいものが売れなくなります。マジメにいいものを作っている人たちが生活できないとしたら、それは貧しい社会です。みんなで買い支えることは大切ですよ。

「そんな話聞いてたら、おなかすいてきたわ」

でしたら当店自慢の新メニュー、自家製食べるラー油そばを食べて、ウチの経営を支えてくれませんかね。

「ワタシ、食べるラー油のあのガリガリッて食感が苦手なのよ。タマゴのカラがまちがって入っちゃいました、みたいで。やっぱり一番安いかけそばでいいわ」

私はいままで、なんの話をしてたんだろう?

『日本の「食」は安すぎる』山本謙治　講談社＋α新書　二〇〇八

【こちらもおすすめ】
『スローフードな日本！』島村菜津　新潮文庫　二〇〇九

食料自給率や遺伝子組み替えなどの議論もけっこう。だけど、きちんと作られた食べ物は、きちんとした味がします。そこが大事。うまいものをうまいと感じる舌や感性を養って、うまいものをうまいといおうじゃないの。

お悩み其の二十四　バットマンになるには

「感心ね、自分から机に向かってお勉強なんて。宿題なの？」

「クラスの文集に載せる作文。将来の夢を書かなくちゃいけないんだ」

「どれどれ……。なんだ、まだなにも書いてないじゃない」

「迷ってるんだよ。科学者か刑事かサッカー選手かで」

「あら、あなたはウルトラマンになりたいんじゃなかったの？」

「それは、ちっちゃいときのことでしょ！　もうそんなこどもじゃないよ！」

＊

あーららー。また奥さんは空気読めずに、息子さんのプライドを傷つけてしまったんですね。

「いつのまにかお兄ちゃんになってるのよね。成長を見届けられるのはうれしいわよ。だけど母親は、息子をいつまでもかわいい男の子だと思いたいものなのよ」

ウルトラマンは無理だけど、バットマンにならなれる可能性はあるんですけどね。

「似たようなもんじゃない」

全然ちがいますよ。あまたのヒーローの中でバットマンだけは、超能力を持たない生身の人間なんです。鍛え抜いた肉体と、科学技術の粋を凝らした武器で犯罪者に立ち向かいます。設定としてはけっこう現実的なんですが、それがはたしてどこまで実現可能なのか検証したのがこの本、『バットマンになる！』です。

「オタクっぽいわね」

いえいえ、カラテの達人でもある運動生理学者が、バットマンのような肉体になるにはどういう訓練が必要かを、運動、栄養、健康面、武術理論など、さまざまな方向からマジメに考察しています。運動生理学の教科書としても使えそうな本ですよ。

著者は、一〇年以上カラテや格闘技の猛特訓を積めば、バットマンになれる可能性はある、と結論を出してます。もっとも、強靭な肉体になれるかどうかは、三割程度は遺伝的素質で決まるそうだから、だれでもってわけにはいきませんが。

「ダンナがスリムだから、うちの子もマッチョにはなれそうもないわね。いまのところ、ちょっとおチビさんだし」

小柄なことを悲観する必要はまったくありません。小柄なことは必ずしも不利じゃないんです。柔道の投げは、自分より大きい相手をやっつけることが可能な技ですし。私がおもしろいと思ったのは、カラダを鍛える過程にも、経済学などでいうトレードオフってのが存在することです。

たとえば、トレーニングで脚や腕の骨を極端に強化すると、鍛えられない部分である頭蓋骨などがもろくなったりするらしいし、カラテチョップの特訓で手が固くなると、指先の繊細な感覚が鈍って、パソコンのキーボードを打つような作業すらできなくなってしまうんです。

「なにかを得ると、なにかを失うってことか」

バットマンはおもに夜活動するので、著者は睡眠不足による健康面の不調も心配しています。

「寝ないとお肌に悪いものね」

肌荒れを気にするヒーローってイヤだなあ。オネエマン？　いえ、美容の心配ではなく、睡眠不足が続くと身体能力は泥酔したときと同じくらいに急激に落ち込むから、睡眠は大事だという話です。しかも日光に当たらないと、骨が弱くなる危険があります。

生まれつき身体能力に恵まれた人が、どんなに鍛えても、毎晩のように悪党と格闘していたら、バットマンが現役でいられるのは十年が限度だそうです。現実にはヒーローになるのもラクじゃありませんね。

「ウチの子も、無邪気にヒーローにあこがれてたうちが華《はな》だったかな」

そうそう。あっというまに、ヒゲとすね毛がぼうぼうに生えて、野太い声で、おふくろー、メシまだかよーっていうようになるんですから。

「いやーっ、やめてー！」

おふくろー、バイクで事故っちゃって、いますぐ示談金払わなきゃいけないんだよー。

「なんでウチの子がヒーローじゃなくて振り込めサギになるのよ」

『バットマンになる!』E・ポール・ゼーア　松浦俊輔訳　青土社　二〇一〇

お悩み其の二十五　科学者は信用できるのか

「毎日暑い〜。死にそう〜。とりあえず、お冷やちょうだい」

ヘイ、らっしゃい！　お冷やはセルフサービスなんで、好きなだけどうぞ。

「あー、生き返った。このお店に来るのもひさしぶりね。二月以来かしら。放射能が恐くてイタリアに帰ったんじゃなかったの[1]？」

逃げも隠れもせず、しがない立ち食いそば屋兼古本屋を続けてましたよ。お目にかかるのがしばらくぶりなのは、いろいろとオトナの事情があったからです。

それはさておき、息子さんは元気ですか？　たしかこないだは、将来、科学者か刑事かサッカー選手になるかで迷ってると聞きましたけど。

「それが、科学者は選択肢から消えたみたい。原発事故以来、テレビでいろんな科学者の説明を聞くけど、人によって安全だ、危険だ、っていうことがまちまちじゃない。

どれがホントなの、ってこどもに聞かれてもワタシも困っちゃうし、あれじゃ、みんなが科学者不信に陥るのもムリはないわよ」

いますぐどうなるってほど危険でもないけど、かといって、長期的に絶対安全とはいいきれないいんだから、どっちの意見もまちがいではないですよ。

「なんなのよそれ。ウソを暴いて真実をビシッと示してくれるのが、科学なんじゃないわけ？」

私は、ビシッと決めつける科学者こそ信用しませんけどね。科学の本質を誤解してるあなたにおすすめの本がこれ、『背信の科学者たち』。私はこの本を、理系の学部に入学した大学一年生全員に、まず読ませるべきだと思ってます。

「ふうん。そんな大事なことが書いてあるんだ。どんな内容なの？」

科学者がどういうズルをするか、その手口を解説してあるんです。

「ちょっと！　そんなこと教えたら、逆効果でしょ。科学者への不信感を増してどうすんのよ」

科学を無視してスピリチュアルに入れ込むのも問題だけど、どちらかというと大多数の人が、科学と科学者を信頼しすぎてるように思います。政治家や役人はウソついて裏で悪いことやってるけど、科学者は清廉潔白な人たちだ、みたいな勝手なイメージが定着しちゃってます。

でも理系も文系も同じ人間です。科学者だって地位も名誉もカネも欲しい。とりわけ近年は、科学者が増えすぎて就職難。論文をたくさん書いて業績をあげないと雇ってもらえないものだから、他人の論文をパクって業績の水増しをする不埒《ふらち》なヤカラも出てきます。

「でも、そんなのすぐにバレるでしょ」

論文を発表するための雑誌は、いまや医学分野だけでも世界中で八〇〇〇誌以上あるそうですよ。雇う側だって、世界中の論文をいちいち確認できませんよ。

科学の泣きどころは、べらぼうに研究費がかかる点です。だから研究費を出してくれるスポンサーには弱い。この本に載ってる調査結果によると、過去に研究結果を改ざんしたことがあると答えた人の理由でもっとも多かったのが、スポンサーからの圧力でした。

「原発の安全神話だって、つきつめれば、それっぽいかも」

科学者にも偏見はあります。一九世紀に、白人以外の人種の脳は小さいという説が唱えられたのですが、一九七八年にある科学者が再検証してまちがいだと見破るまで、百年以上だれも疑わなかったんです。

「科学者でさえ、科学者のウソを見破れないってこと?」

だからこそ、科学者がやってしまいがちなズルの手口を先に知っておくことが有効なんです。つねにちょっとだけ疑いを持つことが、健全な科学的態度なんですから。

「ワタシも疑ってるのよ。冷房の二八度設定って、暑いと思わない?」

そうでもないけどな。

「むかしの二八度って、もっと涼しかったわよね」

むかしもいまも二八度は二八度ですよ。温度はインフレで価値が変わったりしませんってば。

(1) 二〇一一年三月に東日本大震災と原発事故が起きた。

『背信の科学者たち』ウイリアム・ブロード、ニコラス・ウェイド　牧野賢治訳
講談社　二〇一四

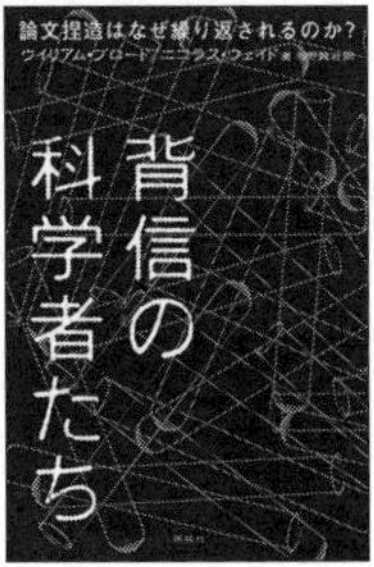

【こちらもおすすめ】
『反秀才論』栢植俊一　岩波現代文庫　二〇〇〇
秀才とは、頭が「速い」人。反秀才は頭が「強い」人。秀才はすぐに理解するけど発想は凡庸。反秀才は理解は遅いが、粘り強く考え続けてブレイクスルーを起こします。ズルをする科学者は、功を焦った秀才なのでは？

お悩み其の二十六　どうなってるの日本映画

　へイ、らっしゃい！　おや、今日はご家族三人おそろいで。お出かけの帰りですか？

「夏休み最後の日曜だったから、家族サービスですよ。遠出するのは無理なんで、家族で映画を観てきたところです」

「お昼にごちそう食べちゃったから、晩ご飯はあっさりおそばで済ませようかと思って」

「3Dだよ！　ロボが戦って、爆発すると目の前まで破片が飛んでくるんだ」

　それはすごいなあ。じつはね、うちのお品書きにも、この夏限定のメニューが登場したんですよ。その名も、冷やし3Dそば！

「なにが飛び出すのかしら？」

冷たいおそばの上に、通常の3倍量のD根おろしが乗ってます。

「大根おろしと素直におっしゃい」

「ボク、それにする！」

「ダマされないで。おろしそばのおろしが大盛りになっただけよ」

「大将の飽くなきイノベーション魂に賛同して、じゃあ、冷やし3Dそば、三つで」

「え、ワタシもそれに決まりなの？」

冷やし3Dそば、三丁！　……へイ、お待ち！

「3Dの進歩もすごいけど、ボクらのこどものころと比べると、映画館自体がずいぶん変わったことに驚きですよ。シネコンはたくさんの映画の中から観たいのを選べるし、イスはゆったりキレイだし、なにより、立ち見がないってのがうれしいね。むかしは日曜に家族で映画に行くと、座れないこともあったよ」

「ウチのほうでは、映画は必ず二本立てだったわよ。しかもどちらもメジャー級の新作なんだから」

「いまは毎回入れ替え制だけど、むかしは一度入ったらずっと居続けてもよかったんだよなあ」

「そう考えると、いまは映画の料金も高くなったわねえ。シネコンって、絶対、儲かってウハウハの商売よね」

いやあ、現実にはそうでもないみたいですよ。映画業界や映画館の経営事情を知りたいのなら、この本がおすすめです。『日本映画、崩壊』。

これによると、日本の映画興行収入は全体では増えているものの、シネコンみたいにスクリーン数の多い映画館が増えた結果、スクリーンあたりの収入はむしろ減っているそうです。興行の伸び悩みをポップコーンの売り上げで埋めているのが現状だとか。

「どの業界も甘くはないね」

映画に関する本はたくさんありますが、映画そのものに関する批評やエッセイがほとんどです。でもいまどき映画の批評なんて、シロウトの意見でよければネットにタダで腐るほどあふれかえってるじゃないですか。ていうか近頃じゃ、シロウトと大差ない感想しか書けない映画ライターも多いってのも問題ですかね。

一方で、映画業界や映画館ビジネスの現況について知りたくても、その手の本はほとんどないんです。なぜなら、映画を観てるだけのファンには書けませんから。この本の著者は、長年、映画業界を取材してきた経験だけでなく、統計データも読み込んで、映画興行ビジネスの現実をわかりやすく解説してくれます。

「本のタイトルだけ見ると、おおげさな悲観論ていうか、負のオーラを感じるんだけど」

読んでみると、批判はしつつも、映画への愛情も伝わってくるんで悪い印象は受けませんね。批判するにしても感情論でなく、具体的な数字を示して論じてるからフェアですし。その意味では、ビジネス書としても秀逸です。

最近やたら目につく〝〇〇製作委員会〟みたいな方式は、映画会社がリスクの多い製作事業から手を引いて、配給に専念するためにはじめたことだなんて種明かしには、ちょっとがっかりしましたけどね。そのうち映画会社は映画を作らなくなるんですかね。

「なんだか夢のない話ね」

「ボクは今日、ひさしぶりに大スクリーンで観て、映画館のよさを再認識したけどな。また家族で行こうよ。今度は刑事アクションなんかどうだい？」

「ワタシは泣けるラブストーリーが観たい」

「えー、アニメにしようよぉ」

じゃあ、シネコン行って、それぞれが好きなのを観たらいかがです？

「家族で行く意味がないっ！」

『日本映画、崩壊』斉藤守彦　ダイヤモンド社　二〇〇七

お悩み其の二十七　体罰は必要ですか

「こんちは……」

ヘイ、らっしゃい！　あれ、奥さんでしたか。珍しく元気がないですね。

「そりゃ元気もなくなるわよ、息子が反抗期になれば」

おたくの息子さん、小学校低学年でしょ？　反抗期には早すぎませんかね。

「男の子って多少叩いたりしないとナメられちゃうのかしらね。ＰＴＡの会合でもママたちが担任の先生に、ビシビシやってください、なんてお願いしてるし。でも、ワタシそういうの苦手だわ。おたくのお母さんはどうだった？」

ママと年がら年中ケンカしてたのは、私よりも弟のほうですね。てめぇのケツを蹴っ飛ばしてベスビオの噴火口にシュートしてやる！　なんて怒鳴ったりしてね。

「まあ、弟さん乱暴ね、お母さんにむかって」

いいえ、そう怒鳴ってたのはママのほうですけど。

「ひぃ〜」

それより聞き捨てならないことをいいましたね。日本のママさんたちが、担任の先生にビシビシやってくれと頼んでるんですか？　教師に体罰をやれとけしかけるなんて、野蛮極まりない。

「でしょ？　でも日本ではむかしから、体罰を容認する空気が強いのよ」

それはどうかなあ。ぜひ、親や教師全員に読んでもらいたい本があるんです。『体罰の社会史』。

三〇年くらい前、生徒死亡事件で逮捕されたヨットスクールの校長が、日本で体罰が否定されたのは戦後のことで、それまではずっと肯定されてきたと発言したことに対する反論としてまとめられた本です。

体罰批判論の多くは、人権問題などの法と倫理面から考察して論陣を張ります。でもそれは利口な戦法だとは思えないんですよね。

「どうして？」

そういうのって、こどもにも人権があるという前提で論を組み立ててますから、こどもに人権などない、とその前提を攻撃されると、人権の有無をめぐる不毛な水掛け論に陥ってしまいがちです。

そこいくと『体罰の社会史』はその名の通り、歴史的史料に基づいた論証です。だから証拠史料にもとづいてない反論は、議論するまでもなく却下できます。

結論からいうと、江戸時代までの日本では、寺子屋など教育機関での体罰は意外なくらいに少なかったことが史料によって証明されてます。幕末から明治にかけて来日した欧米人たちも、日本人の非暴力的な教育法に感心してました。

江戸時代の寺子屋にも体罰はありましたけど、江戸末期に通っていた人たちを対象に、のちに行った聞き取り調査の結果では、せいぜい、平手や竹べらではたく程度だし、それすら全体の一四パーセントくらいで行われていたにすぎません。江戸時代の寺子屋では体罰が蔓延していたという説は、ずっとあとの時代に作られた伝説です。

「体罰以外に、寺子屋には罰はなかったの？」

もっとも多かったのは、親や保証人が謝りに来るまで居残りさせられる罰。変わったところだと、縄でしばるとか、顔に墨を塗られて竹馬で町内を歩かせるなんてのも。

「芸人の罰ゲームみたい」

日本にはむかしから、暴力に嫌悪感を抱く人が多かったわけだから、奥さんみたいに体罰を嫌う人は決してヘンじゃありません。むしろそういうやさしさを、日本人は誇っていいはずです。

ところで息子さんの反抗って、壁や窓をぶち破ったりするんですか？

「あの子はそんな乱暴しないわよ。ちかごろ、ワタシの料理をあんまり食べようとしないの」

どうせその程度のことだろうと思ってましたよ。残暑が続きましたからねえ。食欲がないのはカラダの不調では？

「一度、病院に連れて行こうかしら」

もしくは、学校帰りに向かいの駄菓子屋で友だちと買い食いしてるせいとか。

「へえ……って、それこそ聞き捨てならないわね！　なんですって？　駄菓子屋で買い食い？」

最近ちょいちょい見かけますよ。

「もう！　帰ったらお尻叩いてやる！　じゃあね」

おっと、まいったな。これじゃ私がチクったみたいじゃないですか。ちょっと奥さん！　私から聞いたなんていわないでくださいよー。体罰もやめてあげてー。

『体罰の社会史』（新装版）江森一郎　新曜社　二〇一三

お悩み其の二十八　イノベーションの秘訣

「こんちは〜」

へイ、らっしゃい！

「こないだ、うちのダンナと飲んでたらしいじゃない」

ジョブズを偲ぶ会ですね。行きましたとも。(1)

「うちのがアップルマニアなのは前からだけど、あなたもそうだったとは知らなかった」

いいえ、私はMacもiPodもiPhoneも持ってませんよ。飲みに誘われたから普通に参加した、i飲んべえです。

「iをつけても、飲んべえは最先端にはなりません」

強いていうなら、私は元アップルマニアかな。二十数年前に買ったApple IIcという古いパソコンは持ってるんですよ、って話したら、おたくのダンナが、譲ってくれ譲ってくれとしつこくて。

「またよけいなことを……。アップルの新製品が出るたびに買ってくるだけでも困りものなのに、このうえ骨董品のコレクションまではじめたら、どうしてくれるのよ！」

ご安心を。私のは売りませんから。せいぜい、ダンナがネットオークションに手を出さないよう監視しててください。

「じゃあ今日はジョブズの本でも紹介してくれるのかしら」

それがねえ、伝記はともかく、それ以外のビジネス書みたいのには、ロクなのがないんですよ。ビジネス書の著者は、大学や大学院で学んだ経済理論・経営理論でジョブズの経営の秘訣やスピーチテクニックを分析してるんですけど、なんか根本的にはずれ。

ジョブズは名声の一方で、自分勝手なろくでなしという悪評も多かったんです。結局ジョブズがやったことって、生涯、自分が欲しいもの、こんなのあったらいいなと思うものだけをわがままに作らせてきた。で、それがたまたまヒットした。それだけのこと。

製品ができてから発表会のプレゼンを考えてたのではなく、先に彼のアタマの中には、こんな新機能を自慢したい、ってプレゼンのイメージがあって、そのコンセプトを実現する製品を作ってたんじゃないですかね。マーケティングやコストなんて頭にあったかどうかも疑わしい。もしも今後アップルの経営陣が、〝正しい〟経済理論や経営理論にもとづいて経営を進めたら、ダメになるでしょう。

「わがままリーダーがいなくなったアップルは、どうしたらいいのかしら」

それを解決するヒントとなる本があるんです。小林三郎さんの『ホンダ　イノベーションの神髄』(2)。

アップルは、ホンダのやりかたを手本にしてみたらいいのでは。ホンダという会社は、創業者の本田宗一郎というわがままリーダーを失ったあともイノベーション（技術革新）を続け、本業とは関係ないロボットなんかも作ってます。それがなぜ可能だったのか。

筆者の小林さんは、ホンダの社員だったとき、日本初のエアバッグ量産・市販化を成功させた技術者です。いまでこそクルマにエアバッグがついてるのはあたりまえですけど、開発当初は、ホンダでも役員の九割は反対してたそうなんです。

「おエラいさんたちって、新しいものにはなんでも反対するのよ。コストがかかるだの、前例がないだのって理由で。ワタシが短大出てしばらく働いてた会社でも、そうだったもの」

前例がないものを作るからイノベーションなんですけどね。前例があったらパクリです。

経営トップに強い意志と覚悟がないと、イノベーションはつぶされると小林さんは警告します。小林さんが入社したてのころ、経営陣の前で安全技術に関する説明をしてたら、のちに社長になった当時の専務が激怒したそうです。おまえはトヨタや日産はどう取り組んでいるとかそんな話ばっかりしてるが、ホンダの方向性を決めるのに他社の顔色をうかがってどうする。自分たちがこうなりたい、という絶対価値を考えろ！　と。

「カッコイイわぁ」

それってつまり、社員みんながジョブズや本田宗一郎になれってことですよね。でも技術者は決定権は持ってない。熱意で上司を説得し、九割の反対を覆さないといけないのですが、ホンダではそれを可能にする素地を社内に作っているんです。社員同士が合宿して徹底的に議論をする場を設けたりとか。一方で、技術者が暴走しないように、お客に喜んでもらうという理念だけは曲げないとか。コストや株主利益ばかりを大事にする経営学の教科書には書いてないことです。

永久に売れ続ける製品なんてありません。イノベーションに取り組まない企業は確実に衰退します。経営者と現場の人間が、普通にバカヤローといい合える会社になれるかどうかで、アップルの今後が決まるでしょうね。てか、それ以外のすべての企業にもあてはまるけど。

「その本、うちのダンナにもすすめておくわね」

本といえば、自分がおもしろいと思える些細な文化史をわがままに調べて書いた前例なきイノベーティブな歴史書、『パオロ・マッツァリーノの日本史漫談(3)』が、絶賛発売中です。

「ジョブズとちがって、あなたの本はいつも当たらないけどね」

（1）アップル社の創設者、スティーブ・ジョブズが二〇一一年一〇月に死去。

（2）この回をWebに掲載したときはまだ『日経ものづくり』誌で「ホンダ　イノベーション魂！」として連載中で、書籍化はされてなかった。連載をとても気に入っていたパオロが、本になってないのに書籍化を見越して青田買いで書評を書いた。

（3）現在は『誰も調べなかった日本文化史』のタイトルでちくま文庫に収録されている。

『ホンダ　イノベーションの神髄』小林三郎　日経BP社　二〇一二

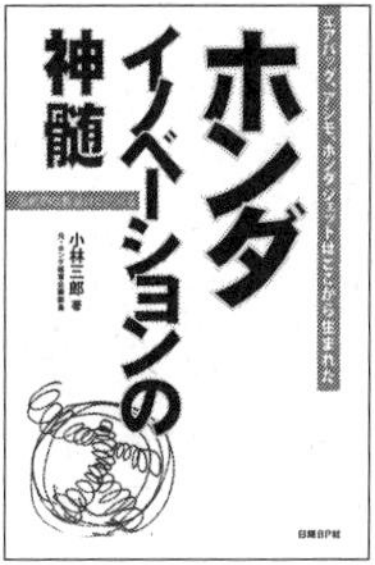

【こちらもおすすめ】

「悪徳不動産屋の独り言　賃貸現場の喜怒哀楽」坂口有吉　『住宅新報』連載中

　未書籍化の連載を青田買いでご紹介。現役不動産業者による賃貸物件悲喜こもごもコラム。本音で客と向き合う姿勢が小気味いい。この人の商売はまっとうです。むしろ悪徳なのは、勝手な家主や借り手のほうですね。

お悩み其の二十九　これでいいのか日本の農業

「この先、どうなっちゃうのかしらねぇ……」

らっしゃい！　ご心配なさらなくても、ウチはまだ当分つぶれませんよ。

「このお店の心配なんかしてません。ＴＰＰ交渉に参加して、この先、日本がどうなるのかが心配なの」

え、ウソでしょ。奥さんみたいな専業主婦は、コスメとファッションとスイーツお取り寄せにしか関心がないことくらい、女性誌の中吊り広告を見れば丸わかりですよ。

「失礼ね。主婦だって政治問題に関心くらいありますっ。都会的で洗練されたいまのワタシからは想像もできないでしょうけど、これでも農家の娘なんですからね。ＴＰＰ参加で日本の農業が壊滅しないかと心配で」

どうも私には、壊滅という結論に到る根拠がわからないんです。じゃあ仮にＴＰＰ

に参加しなかったら、日本の農業は発展するのですか？

「あら？　あなたはＴＰＰ賛成派？」

　ＴＰＰで日本が大儲けできるわけじゃないけど、反対する理由もとくにない、というのが正直なところです。

　ネットなんか見ても、冷静な人たちはちゃんと見抜いてます。農業にせよ医療保険にせよ、もともと日本人のなかで損する人と得する人が偏るような不公平な制度を続けてきた結果、崩壊の危機にさらされてるわけです。日本人の中からも、制度を公平に変えようという声はずっと上がってたのに、一部の日本人の特権を守るため、握りつぶしてきたんです。制度崩壊の犯人は日本国内にいるのに、いまさらＴＰＰのせいにするなんて、責任転嫁もはなはだしい。

「いつになく、手厳しいわね」

　今日は、農業問題を考えるきっかけにもってこいの本を紹介しましょうか。神門善久さんの『偽装農家』。

「ずいぶん薄い本だこと」

　農業と縁のない人が日本の農業問題を知るためなら、これでじゅうぶんです。この内容でも全部テレビでやったら、二時間特番くらいになるんじゃないですか。もっと詳しく知りたければ同じ著者の『日本の食と農』（NTT出版）や、他の人が書いた専門書を読めばいいんだし。

食料自給率を上げすぎることも危険を招くといったところから、食の安全、農業ブームや農家への補助金政策に対する疑念まで、問題山積みですが、なかでも神門さんが最大の問題点として追究してるのは、農家の土地利用についてなんです。

ときに奥さん、あなたご兄弟はいらっしゃる？

「ううん、一人娘。蝶よ花よと育てられ……」

あ、後半の情報はけっこうです。ではご両親が農業をやめたら、あなたとご主人で農家を継ぎますか？

「ありえない。あなたも知ってるでしょ。うちのダンナ、顔はイケメンだけど首から下はアンガールズよ。あの細身で畑仕事なんて絶対ムリ」

するといずれあなたが農地を相続したら、おそらく耕作しないまま放っておくことでしょう。そういう人たちを土地持ち非農家というんだそうです。私もこの本読むまで知らなかったけど、農水省も使ってる正式な用語です。農家の全体数は五年で一割ずつのペースで減ってるのに、土地持ち非農家はそれ以上のペースで増え続けてます。

「他の農家に貸すか売ればいいんじゃないの？」

みんながそうしてくれれば、日本ももっと広い土地で大規模な農業ができるはずです。ところが現実にはそうなってない。なぜか？　値上がりするのを待って売ろうと考える人が多いからです。

農地に向いてる平らで広い土地は、住宅やショッピングモールの建設にももってこいなんです。そういうおいしい話が来たときにすぐ高値で売れるようにしときたいから、農地として貸すのを渋るんです。農地の固定資産税や相続税はかなり安いんで、名目だけ農地にしておいて、一攫千金を狙って持ってるほうがトク。こうして、農業に使われず、宝くじになっちゃってる農地がたくさんあります。

「なるほど。いいこと聞いたわ」

露骨なシメシメ顔はやめてください。で、神門さんは農業再生の切り札として、検地をやれといいます。農地のみならず、日本中の土地の利用状況を徹底的に調べて公表すべきだと。地主が申告した名目上のものでなく、実際にどう使われてるかをね。そうすれば、本気で農業をやる気のある人が農地を借りやすくなるし、不正な土地利用で儲けてる連中を一掃できます。

農業は片手間にやって農地の転用や転売で大儲けしてる人がいる一方で、努力と工夫を重ねて安全でおいしい農作物を作ってる農家がたいして儲からないシステムなんて、おかしいでしょ？　それをただささなければ、ＴＰＰとは関係なく、いずれ日本の農業はなくなります。

ま、偽装農家予備軍である奥さんも、この本読んで意識を変えてくださいな。百ページもない薄い本だから、活字ぎらいの奥さんでも読めますよ。

「活字ぎらいじゃないんだけど、なかなか読むヒマがないのよねぇ」

お取り寄せに忙しいから？

「しないわよ！　たまにしか……」

『偽装農家』神門善久　飛鳥新社　二〇〇九

【こちらもおすすめ】
『日本の食と農』神門善久　NTT出版　二〇〇六

法令違反を指摘されても、その場しのぎの謝罪だけで改善しないJAの鉄面皮を斬りつつも、返す刀で市民やマスコミの側の不勉強も断罪。農家はみんな素朴な善人というイメージを悪用するカネの亡者どもにも喝！

お悩み其の三十　まちがいだらけの脳科学

「お母さん、今日の晩ご飯、なに?」

「今日はねぇ、もうすぐクリスマスだから、サバミソよ」

「全然関係ないじゃん」

「関係なくないわよ。クリスマスになると、チキンとか肉ばっかり食べるでしょ。だから、いまのうちに魚を食べておけば、栄養のバランスが取れるってわけ。んー、完璧な論理。お母さん、冴えてるわあ。ゆうべ脳トレの本読んだから、左脳が活性化しまくってるのね、きっと」

「魚かぁ……」

「ダメよ、好き嫌いは。サバとかイワシみたいな青魚にはＤＨＡがたっぷり含まれていて、食べるとアタマがよくなるんだから。脳トレの本に書いてあった」

「ウソだあ。だって、ＤＨＡがたっぷり含まれてるのに、サバとかイワシはアタマよくないじゃないか」

＊

たしかにね。何千、何万年も前からイワシやサバにはＤＨＡが含まれてたはずなのに、あいつら全然賢くなった気配がありませんよね。ＤＨＡで本当にアタマがよくなるなら、そろそろ、サバが東大に現役合格してもいいころです。

「もう、やめてよ大将まで。こどものヘリクツだけでも、うんざりなんだから」

ヘリクツは、相手のいうことを鵜呑みにせず考える訓練にもなりますから、いちがいに悪いこととはいえませんよ。息子さんは将来有望です。それより、なんでも鵜呑みにしちゃう奥さんのほうが心配です。脳が活性化するだのＤＨＡだのと、いったいどんなインチキ脳トレ本を読んでるんですか。

「ちゃんと脳科学者が監修してる本だったわよ」

ちゃんとしてない学者のほうが、真偽の怪しい珍説・新説を平気で紹介してくれるから、テレビや出版社はおもしろがって使うんですよ。

まともな脳科学者はまともなことしかいわないから、インパクトが弱く、テレビ向きじゃありません。まともな脳科学者に聞けば、脳の活性化なんて現象には、たいした意味などない、と教えてくれるはずです。

「そうなの？」

要するに、人間は慣れない作業をするときには、脳をフルに使うんです。これが活性化してる状態。ところが慣れてくると、脳を活性化させなくても、無意識に作業ができるようになります。

奥さんだって新婚当時、料理をはじめたころは作業に集中してたはず。でも慣れたいまは、全然ちがうこと考えながらネギきざんだりできるでしょ。料理中に脳が活性化しなくなったいまのほうが、料理能力は向上してるわけです。

「そういわれちゃったら、活性化ってなんなのよ、って話になるわよね」

活性化だけにかぎらず、あやしげな脳理論を宣伝に使って教材を売りつけようとする悪徳業者や出版社は、後を絶ちません。

だからぜひとも、ちゃんとした本を読んで正しい脳科学の知識を身につけていただきたい。ちょっとカタめだけどこんなのはどうでしょう。『脳からみた学習』。世間にはびこる脳科学のウソ知識を、神経神話とか脳科学神話として、まとめてぶったぎってます。

「ニコタマ最強神話みたいなもんかしら？」[1]

それはどうか知らんけど、この本、原書は二〇〇七年に出版されてます。二〇〇七年の時点ですでに否定されていることが、いまだにまちがった常識として世間でまかり通っていることに驚かされますよ。

たとえば、よくいわれるもっともらしいウンチクだと、右脳人間、左脳人間なんて区別。それから男脳と女脳はちがうみたいな説。どちらも脳科学ではすでに否定されているそうです。

「みんな、いまだに信じてるわよ。だってそういうこと書いてる本がベストセラーになったし、テレビでもよくやってたのに」

脳に関する重要なことは三歳までに決まってしまうので、早期教育が大切である、なんて強迫めいた宣伝をよく耳にしますけど、これもじつはきちんとした根拠がありません。

「ウチの子が赤ちゃんだったとき、そんな宣伝につられて、高い教材買っちゃったわよ」

古い常識に反して、脳の学習能力は生涯持ち続けるものだということが明らかにされました。三歳までにやらなければ身につかないことなど、とくにないそうです。

でもこれって、朗報じゃないですか。だって、人間いくつになっても学ぶことが可能だとわかったんだから。

「はじめるのに、遅すぎることなんかないよ～って、ありがちなメッセージソングの歌詞は本当だったんだ。そういえば、人は脳の一〇パーセントしか使ってないとかいうし」

あっ、それもウソです。実際には、脳は一〇〇パーセント活動してるそうですよ。この本には重要なアドバイスが書いてあります。もし、あなたの脳が本当に一〇パーセントしか活動していないのなら、脳が損傷してるおそれがあるので、ただちに病院に行きなさいとのことです。

「もしかして一〇パーセント活動説って、〝アタシまだ本気出してないから〟みたいないいわけと一緒なのかしら」

それもどうか知らんけど。

(1) 東京の一部のママたちのあいだでは、ショッピングをするなら二子玉川（ニコタマ）が一番と囁かれている。

『脳からみた学習』
ＯＥＣＤ教育研究革新センター編著　小泉英明監修　小山麻紀、徳永優子訳
明石書店　二〇一〇（原書：二〇〇七）

【こちらもおすすめ】
『脳のなかの幽霊』
Ｖ・Ｓ・ラマチャンドラン、サンドラ・ブレイクスリー　山下篤子訳
角川文庫　二〇一一
　文化活動も人間行動もすべて脳のせいにする本はうさんくさいから嫌いです。脳医学の臨床例にもとづく本は、全般的に信用できるし興味深い。脳の異常が原因で、笑い死にした人が実際にいたというのが衝撃でした。

お悩み其の三十一　お尻の専門医

「お母さん、ボク、今年の目標決めたよ」

「あら、そう。なににしたの？」

「さか上がりができるようになること」

「がんばって」

「それと、セシューすること」

「なんですと？」

「どっかの国では、エラい人のこどもがセシューしてエラい人になったんでしょ。ボクもセシューしたらエラくなれるのかな」

「あのね、世襲というのは、親と同じ仕事にこどもが就くことなの。うちのお父さんはサラリーマンだから、世襲はムリ」

「うちのお父さんは、エラくないから？」

「んー、ていうか、歌舞伎とか自営業とか、世襲できるお仕事は限られてるのよね……」

＊

奥さんは農家の一人娘で、実家の後継者がいないんでしょ？　ちょうどよかったじゃないですか、息子さんが世襲すればいいいんだから。

「ダンナは仕事やめるわけにいかないから、ダンナとワタシはここに住み続けて、あの子だけウチの親と農家やるの？　ぜんっぜん、考えられない。それに世襲って、なんかイメージ悪くない？　利権を一族で独占するみたいな」

家業をこどもが継ぐことは、西洋でもむかしからやってますよ。日本で世襲のイメージを悪くしてるのはひとえに、二世議員とか、政治家の世襲がやたらと多いせいでしょう。これは私の持論ですが、こどもが親と同じ選挙区から立候補して当選したら、高額な相続税を課すべきです。

世襲は一概に悪いとはいえません。素晴らしい世襲の例をご紹介しましょう。えーと、どの本だったかな。これこれ、『「痔」ひと筋80年』。鹿児島で、親子四代にわたって肛門科の病院をやってるところがあるそうです。

「もう、食べ物屋さんで肛門科の話するかなあ」

いつもそば頼まないで話だけ聞いてくあなたにいわれる筋合いはありませんよ。痔を恥ずかしい病気と軽く見るのはまちがいです。痔の痛みは、日常生活や仕事にも多大な影響を及ぼしますし、痔の診察をしたおかげで大腸ガンの早期発見につながることもあるんです。

痔の仕組みや治療法が書かれた本はたくさんあって、珍しくもありません。この本も大部分はその記述に費やされてるのですが、決定的に類書から抜きんでている点があります。一章をさいて、肛門科医療の歴史と裏事情が語られているところです。

著者は三代目で、現在病院は四代目の息子さんが継いでいるそうです。初代は大正一〇年に開業してるんですね。

「たしかにすごい世襲だわ」

開業当時としても肛門科専門は珍しかったらしいのですが、なぜ初代が肛門科をはじめたのかは、三代目の著者にも謎だそうです。

松尾芭蕉も夏目漱石も痔で苦しんでました。痔は古くからある病気なのに、治療法が発達したのはわりと最近なんですね。肛門科自体、むかしはとても閉鎖的な体質で、治療技術を後輩に教えようとしない医者も多かったそうです。ヘタな医者が執刀すると、手術後の出血で亡くなることもあったとか。

「むかしは痔の手術も命がけだったのね」

著者の若いころはまだ薄いビニール手袋がなかったから、指をじかに肛門に入れて診察してたそうで、毎日やってると指が黄ばんでニオイがとれなくなったといいます。これぞ、プロ根性です。日本中のこころある肛門科医が苦心と研究を重ね、痔の治療法は進歩していったんですね。なのに業界内でも差別されてたのでしょうか、肛門科がようやく日本医学会に入れるようになったのは一九八七年のことだったというのには、ちょっと驚きました。

そうした長い歴史に裏打ちされて、この本の第一章は秀逸なノンフィクションとなってます。ドラマ化もいけるんじゃないかと。

「主演をだれにオファーするのかしら？」

マジメな話、いまは治療法も進歩してますから、痔に悩んでるかたは、ぜひ肛門科を受診したほうがいいですよ。みんな他人にいわないからわからないけど、男女を問わず、三人にひとりは痔を患っているといわれるくらいポピュラーな病気です。つまり計算上、ＡＫＢ48のうち一六人は痔なんですよ。つらいだろうなあ。

「勝手に決めつけてるけど、あくまで計算上は、ってことですからね」

少女時代[1]の九人のうち三人は痔かもしれないんですよ。あ、それで歌ってるのか、GeeGeeGeeGee……

「そろそろ多方面から苦情がきそうだから、ワタシは失礼するわ」

（1）当時、日本でも人気があった韓流女性アイドルグループ。

『「痔」ひと筋80年』鮫島潤　小学館文庫　二〇〇五

お悩み其の三十二　宗教と教育

らっしゃい！

「大変。うちのマンションに、外国人の一家が越してきたの」

　それをわざわざ、外国人の私に報告に来た意図をつかみかねてます。

「それがね、ご主人と息子さんは、松崎しげると元広島の衣笠を足して二で割ったような顔をしてるのよ」

　それ、どっちも日本人だし。[1] サンコンさんとかボビーさんとか、もっとイメージの近そうなたとえがあるのに、なぜ日本人でたとえる。だいたい、あなたの歳でよく衣笠をご存じですね。

「うちの父がカープファンだったから、こどものころテレビで見てたの。鉄人よ！」

　知ってますよ。連続出場記録保持者でしょ。

「奥さんは、日焼けした木の実ナナって感じかな」

だから日本人にたとえるなって……ま、そっちはなんとなくイメージできるか。要するにあなたがおっしゃりたいのは、引っ越してきたのがアフリカ系の顔の濃い一家だということなんですね。で、その人たちは日本語話せないんですか？

「ううん、あいさつしたけど、日常会話ならほとんど通じる」

じゃあ、問題ないじゃないですか。ぜひ、当店のことも宣伝していただけるとありがたい。

「ワタシが心配してるのは、その人たちがイスラム教らしいってこと。べつに私は人種差別とか偏見とかないわよ。あの人たちもとても紳士的なご一家だけど、イスラム教って、目には目を、とかジハードなんていう宗教じゃない。もしなにかマンション内のルールのことなんかでいざこざが起こったら大丈夫かしらと不安になっちゃうのよね……」

おたくのマンションに住む日本人だって、仏教徒ばかりとはかぎらないでしょ。一戸くらいはクリスチャンの家族もいるかもしれない。それは不安にならないのですか？

「だって、キリスト教は〝愛〟の宗教でしょ」

キリスト教国家がむかしから戦争やってたのはご存じでしょ?

「そういわれれば、そうか……」

ほとんどの日本人は、宗教に関して偏見がないつもりでいるのに、じつはひどく誤ったイメージを持ってます。その原因が、高校の倫理の教科書にあるのではないかと主張するのが、この本、『教科書の中の宗教』です。近年出た比較文化論のなかでもかなりの傑作なのに、新書大賞に選ばれなかったのが不思議です。審査員の目か頭が悪いんでしょうね。

「そういう悪口をちょいちょいいうから、あなた嫌われるのよ」

日本の倫理教科書では、キリスト教の説明に、やたらと〝愛〟を使ってるのだそうです。神の愛、隣人愛、アガペー、ってな感じで。ところが海外の教科書やキリスト教入門書では、愛という単語はほとんど出てこないんです。愛は大事だけど、キリスト教はそれを主軸としてるわけでもない。

しかも日本の教科書での宗教の説明は、仏教とキリスト教の比較にばかり重点をおいてるんですね。現在使われてる教科書の説明を簡単にまとめると、キリスト教は愛。仏教は慈悲。キリスト教が人間中心主義なのに対し、仏教はすべての生き物を大切にしている、と。慈悲によって環境を守り自然と共生していく道を示しているのが仏教だ、みたいな論調で、なんだか仏教のほうがキリスト教よりすぐれてますよ、と布教活動をしてる印象すら受けます。

「でも、それだとまるで、環境保護団体の手先みたいに聞こえるんだけど」

だから本当の仏教徒が倫理教科書を読んだら、そんなこと考えてないよ、と違和感をおぼえるはずです。それはキリスト教徒にとっても同じこと。まるでクリスチャンが人間中心主義で自然をないがしろにしてるかのようないわれかたには、異議を唱えるでしょう。過激な自然保護運動をしてるのがおもに欧米人だという事実からも、倫理教科書の記述がまちがいなのは明らかです。

「そうよね。あの人たちが仏教徒とは思えないものね」

イスラム教にいたっては、教科書では申しわけ程度にページをさいてるのみで、その思想すら紹介されません。礼拝・断食・巡礼と形式面だけが教えられます。これじゃ大人になってテロのニュースを見た日本人が、イスラムといえばお祈りと過激派だけというイメージを持ってしまうのも、ムリはありません。

「面目ない」

なにかにつけて「ユダヤの陰謀説」を唱える日本人がいるのは、倫理教科書でユダヤ教徒を、キリスト教を迫害したヒドい人たちと説明してるせいかもしれません。教科書がトンデモ論の下地になっちゃってるとしたらマズいですよね。

「どうして教科書の内容がそんなふうに偏っちゃったのかしら」

著者の藤原さんがその原因としてあげているのは、ひとつは、宗教学者の専門の狭さです。これはすべての学問分野で起こってる傾向ですが、宗教学でも、テーマを狭く深く掘り下げて研究するのが一般的なので、特定の分野にとても詳しい人はいても、宗教全体をうまく語れる人は少ないのだそうです。だから、執筆する専門家が自分にはまったく偏見はないと思っていても、結果的に、特定の宗教や宗派に肩入れするような文章になってしまう。

そしてもうひとつは、入試対策のため。

「どういうこと？」

海外の学校では宗教の授業があるところも多いのですが、使われてる教科書の記述はとても慎重です。イエスはこういうことをいったとされている、こう信じられている、みたいに、歴史的に事実と証明されたこと以外は極力断定を避ける書きかたをします。

キリスト教信者やイスラム教信者がどういう一日をすごし、宗教や信仰に対しどういう考えかたをしているかをそれぞれの信者が語る形式にしてる教科書もあります。

つまり教科書が宗教の知識を押しつけるのではなく、生徒それぞれが異文化について考え、理解を深め、他者を尊重する態度を養うのを目的としてるんです。

ところが日本では、教科書の記述があいまいだと、現場の教師から不満の声があがるそうなんです。倫理が大学のセンター試験の科目だから、教科書はたったひとつの〝正解〟を提示しろということです。教科書を読んだ生徒が異文化に対してそれぞれ異なる意見を持ってしまったら、入試対策にならないという、超現実的な理由で教科書の内容が断定的で偏った記述になります。

「宗教を教えるって、むずかしいのね」

中立的に教えるのはね。海外ではそのためにどんなに長いこと試行錯誤を重ねてきたか。宗教に無知な人ほど、道徳心を養うために日本の学校でも宗教教育をするべきだ、なんて軽々しい発言をするものですが、この本を読んだら、宗教を教える苦労を知って驚くでしょうね。まあ、異文化理解と尊重のために学校で宗教教育をするというなら、私も賛成ですが、入試に関係ない科目になったら、まともに教えない学校がほとんどでしょう。日本人は目先の利益を重視するから。

この本のなかで一箇所、笑っちゃったところがあるんです。タイの仏教教科書には、日本人はすぐに結果を求めるから禅宗が流行っている、と書かれてるそうなんです。

「わあ、けっこう図星。企業研修で一日座禅組んだくらいでなにかを得たつもりになってる日本人への皮肉かも」

（1）衣笠さんは日本国籍だが、ハーフ。

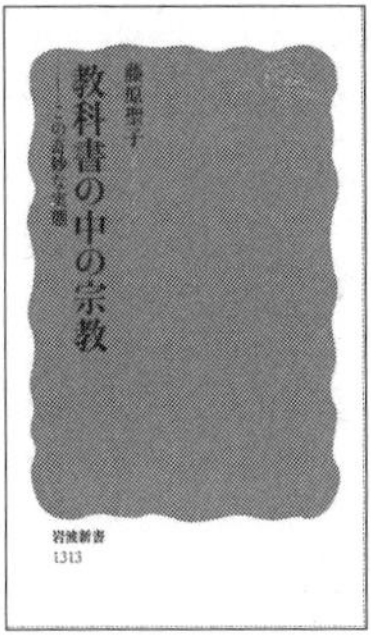

『教科書の中の宗教』藤原聖子　岩波新書　二〇一一

お悩み其の三十三　古文書入門

「大将、こんちわ」

ヘイ、らっしゃい！

「いよいよ四月がやってきたわよ。なんかワクワクしない？」

毎年必ずきますから、べつにワクワクはしませんが。

「わかってないなあ。四月といえば、日本では新しいスタートを切るのに最適な時期とされているのよ」

ああ、そうか。外国では秋が新学年のはじまりなもんで、日本の習慣は、いまだにピンとこないんですよ。

「日本通のふりをしてるけど、そういう感性がまだまだね。で、あたしもこの機会に、イタリア語でも習おうかと思ってるんだけど、大将教えてくれない？」

すいません、日本暮らしが長いもので、イタリア語はすっかり忘れました。

「なんなの、そのいいわけは。単に教えるのがめんどくさいって正直にいえばいいのに」

じゃあ、めんどくさい。

「そういうことは、たとえ思っていてもいわないのが、日本の心なのよ」

ホントにめんどくさい人だなあ……。あなた日本人なんだから、どうせならもっと日本を深く知るのもいいんじゃないですか。こんなので学んでみれば、新たな世界が開けるかもしれませんよ。『寺子屋式　古文書手習い』。

「こぶんしょ？」

こもんじょ、です。江戸時代の手紙や記録を読むことで、当時の庶民の生活や文化を身近に感じることができるんです。

「えー、むかしの手紙とかって、筆でにょろにょろって書いてるあれでしょ？　あなたそんなものまで読んでるの？」

いえ、私もまだそこまで深くはまってるわけじゃありません。そもそも私が古文書解読の基礎を勉強したのは、近代文化史について調べるために、明治時代の新聞を読まねばならなかったからだったんです。

「明治時代の新聞って、活字で印刷されてたんじゃなかったの？」

印刷ですよ。筆文字ではないから、さすがに漢字はほとんど読めます。問題はかなのほうなんです。明治時代くらいまでは、まだ江戸のなごりで、変体仮名《がな》というのが新聞紙面でもけっこう混じってます。現在のひらがなとは全然かたちもちがうし、同じ音でも種類がたくさんあったりして面食らいました。最初にこれをおぼえないと、むかしの新聞が読めないんですよ。

「むかしのかなって、どんなの？」

いまだによくみかける例だと、そば屋さんののれんに「きそば」ってヘンテコな字で書いてありますよね。

「ああ、きそばの〝ば〟が〝む〟みたいな字になってるあれね」

そうそう。あれは〝者〟という漢字を崩した字なんです。いま使われている〝は〟は〝波〟をくずしたもの。むかしは同じ〝は〟でも何種類もあったんです。

他には、甘味処の看板に「しるこ」なんてのが変体仮名で書いてあったりしますね。〝し〟と〝こ〟は志と古を崩した字だから、変体仮名だと似かよった字になります。

古文書の入門書は数あるんですが、どれも最初の敷居が高いのがいただけない。いきなり筆文字の漢字で書かれた江戸時代の手紙を読んでみましょう、みたいなところから入っちゃう。筆で書かれてるから、文字と文字が全部つながってて、どこで切れるのかすらわからない。レッスン1から中級レベルだから、予備知識のない入門者はいきなり落ちこぼれてしまいます。

『寺子屋式　古文書手習い』は、最初の教材が、明治時代の国語教科書なんです。当時、文字を習いはじめたこどもと同じところからスタートできるのがミソ。

「そこが寺子屋式たるゆえんなわけか」

印刷された教科書だから、文字の切れ目がわからずに悩むことはありません。実際、漢字はみんな読めるんです。かなだけが見慣れない変体仮名なんで、まずはその読みかたから無理なく学びはじめようという趣向です。

かなをおぼえるだけなら、同じ著者の『江戸かな古文書入門』のほうがいいかなと思ったのですが——

「だじゃれ……？」

なにが？　ああ、いいカナ……偶然ですよ。話の腰を折らないでください。『江戸かな』のほうが内容は高度でした。かなだけを学びたい人も『古文書手習い』からはじめるほうがとっつきやすくておすすめです。後半は漢字中心の上級レベルなので、かなだけでやめてもそれなりに得るものはあるし、もちろん上級レベルに挑戦してもよし。

上級編では、江戸時代の離縁状、いわゆる三行半《みくだりはん》ってやつですね。そういう実例も載ってて興味深いですよ。三行半の存在は知ってても、実物を読む機会はあまりないでしょ。夫側の勝手な都合で離縁したので、今後この女がだれと再婚しようと一切かまいません、なんて書いてあるんです。

「契約書みたい」

江戸時代までの日本では、結婚離婚を繰り返すのが珍しくなかったから、フリーかどうかを明らかにしておく必要があったんでしょうね。

私は、歴史の大きな流れよりも、こういう記録から、庶民の小さな暮らしぶりを想像する歴史のほうがずっとおもしろいと思いますね。あなたの実家にも、なにかを記録した古文書が眠ってるかもしれませんよ。

「古文書はなかったけど、むかし実家の納戸を片づけたら、古いお札みたいなのが出てきたことはあった」

へえ。古銭ですか。

「それが、どう見ても手書きだしヘタクソなのよね。父に、これなんなの？　って聞いたら、ひいじいちゃんが作ってたニセ札だっていうのよ。絵心がないくせに無謀な挑戦をしたけど、できたお札を見た家族に爆笑されて断念したらしいの」

一家のとんでもない黒歴史ですね。

『寺子屋式　古文書手習い』吉田豊　柏書房　一九九八

【こちらもおすすめ】

『そうだったのか江戸時代』油井宏子　柏書房　二〇一〇

この著者も古文書入門書を多数書いてます。江戸時代、遭難した漁師が救助されたときの克明な記録が古文書として残ってます。救助者の報酬や、引き上げた物の権利配分まで、細かく規定されてたんですね。驚き。

お悩み其の三十四　レジャーの歴史

「こんばんは、まだやってる？」

らっしゃい！　珍しいですね、こんな時間に。連休の最終日だし、もうお客も来そうにないからそろそろ閉めようと思ってたとこです。かけそばくらいしか出せませんけど、それでよろしければ。

「全然オッケー」

「どうも、こんばんは」

おや、ご主人もご一緒で。坊やは？

「さっき家族旅行から帰ってきたところなんですよ。こどもは疲れてウチで爆睡中」

「小腹がすいちゃったから、ふたりでぷらっと出てきたの」

「かけしかないのかぁ。大将の新作メニューを楽しみにしてたんだけどな」

そこまで期待されては、引き下がれませんな。具になりそうなものを探しましょう……缶入りのロイヤルミルクティーと、塩麴がありますけど、どちらがいいですか？

「その二択でロイヤルミルクティーを選ぶ人がいたら、勇気を讃えるわ」

では、塩麴そば二丁……ヘイ、お待ち！　お味はいかが？

「うん、微妙」

ご主人、かなりお疲れのご様子ですね。

「家族サービスもラクじゃないですよ。仕事で疲れて、連休は旅行して疲れて、また明日から仕事だし」

「あー、そのいいかた、なんかヤな感じ。いかにも自分だけ家族の犠牲になって働いてます、みたいな」

「そんなつもりで、いってないって」

まあまあ。そうはいっても、現代に生きるわれわれは、労働と余暇の時間配分では恵まれているんですから。これはフランスのデータですが、人間が一生のあいだに起きてる時間の中で労働時間がどのくらいを占めるか、その割合が計算されてます。一九八〇年では一八パーセントですが、一八五〇年には七〇パーセントだったそうです。

「むかしの人は遊ぶヒマもなく働いてたのね」

そう単純なものでもないんですけどね。今日おすすめする本、アラン・コルバンさんの『レジャーの誕生』によると、一九世紀初頭のヨーロッパでは、まだ仕事と余暇の時間を明確にわける意識がなかったようです。仕事中にも、普通に酒を飲んだりタバコを吸ったり雑談したりしてたんですから。

「そう聞くとうらやましいような気もするけど、ちゃんとした休みがないのもツライですよね」

この本のテーマは、一九世紀から現代までのヨーロッパで、庶民がいかにして自由時間を獲得してきたか、また、その時間をどう使ってたか、なんです。ヨーロッパで、労働による疲労が人間を消耗させるという考えかたが真剣に検討されるようになったのは、ようやく一八七〇年代に入ってからでした。

「じゃあ、それまでは疲労ってなんだったの?」

疲労は、しっかり労働しました、という素敵な証拠でしかなかったんでしょうね。なにしろヨーロッパでは、おもにキリスト教会の教えによって、長いこと怠惰が罪とされてきましたから。

「いまでこそ過労死はニュースになるけど、むかしはたぶん働き過ぎで死んだヤツなんて、普通にごろごろいたんだろうな」

だから余暇の自由時間を獲得することは、庶民にとっては切実な問題だったといっても、おおげさではないでしょう。

そんなテーマを扱ってはいますけど、『レジャーの誕生』はガチガチの学術書というわけでもありません。テーマの縛りはかなりゆるいから、いろんな読みかたができるところがいいんです。

コルバンさん他約一〇名の歴史学者が、さまざまな切り口でレジャー・余暇について研究した成果を持ち寄ってまとめた本なので、雑多な知識がたっぷり詰まってます。歴史雑学マニアなら、パラパラと読むだけでも相当、他人に自慢できるネタを拾えるはずです。

釣りや園芸のように、現代まで続いてて内容もさほど変わらないレジャーがある一方で、むかしとは様変わりしたレジャーもあります。いまから考えると残酷ですが、むかしは公開の場で行われる罪人の死刑を見物するのが、庶民にとってはレジャーのひとつでした。一九世紀イギリスでは、絞首刑を見物しやすいよう、鉄道駅の中庭に絞首台を設置して、見物用の特別列車まで運行してたそうですよ。

「悪趣味ねえ」

「でも日本だって、江戸時代には、市中引き回しとかいって、死刑囚を町中の人に見せてたじゃない」

同窓会という制度が、一九世紀末フランスの田舎のほうで、あまり費用のかからないレジャーとして普及したという話も意外で興味深かったですね。

「そうだ、来月ワタシも同窓会があるのよ。ホテルが会場だから、ちょっとフォーマルな服を新調しなきゃ。いいでしょ、あなた」

「ねえ大将、現代では、同窓会はけっこう費用のかかるレジャーみたいですよ」

『レジャーの誕生』（新版）（上・下）
アラン・コルバン　渡辺響子訳　藤原書店　二〇一〇（原書：一九九五）

お悩み其の三十五　世界の校則を見てみよう

「ただいまー。遅くなっちゃった。ごめんね、なにしろ久々の同窓会でしょ。盛り上がっちゃって。ふたりとも、ちゃんとごはん食べた？」

「アハハハハ」

「あら、楽しそうね。なに見てるの？　そんなおもしろい本があるならワタシにも見せ——あっ！　ちょっと、まさかそれ……」

「お母さんの中学校の卒業アルバムだよ。今日会ってきたともだちって、この人たち？」

「ちがう、今日は短大の同窓会。中学の同窓会は田舎に帰らないとできないでしょ。って、そんなアルバム、どこから引っぱり出してきたのよ」

「メシ作ろうと思ってさ、たしかフードプロセッサーがどっかにしまってあるはずだと押し入れを探したら、きみのむかしのアルバムが何冊も出てきたんでね、ふたりで鑑賞してたとこ。こういうの大事に取っておくタイプだったとは知らなかったよ」

「おもいでが詰まってるものだから、なかなか捨てられるもんじゃないでしょ。で、フードプロセッサーはどうしたの？」

「ああ、見つからなかったからピザの出前取った」

「もう。それでワタシのアルバムの鑑賞会やってたわけ？」

「このヘアスタイル見ろよ。おかっぱの前髪がスパーンと一直線でヘルメットみたい。このまま原付乗れそうだよな」

「ヘルメットかぶって自転車乗ってるこの写真、お母さんだよね？」

「メット・オン・メットだな」

「仕方ないでしょ、校則で女子はおさげかおかっぱ、男子は丸刈りって決められてたんだもん。自転車乗るときのヘルメットも校則なの！」

＊

「ああいうダサいのがイヤでイヤでしょうがなかったから、親に無理いって東京の短大に入ってオシャレ番長になったというのに。なんか、暗黒時代を思い出させられちやったわよ」

それで優秀なご主人を籠絡《ろうらく》できたんだから、あなたの策略は大成功だったんですよね。

「人聞き悪いわね、籠絡だの策略だのと。主人と結ばれたのは、愛と運命のおかげですっ」

はいはい。

「いまの子たちって、制服とかへアスタイルとかけっこう自由よね。うらやましいわ。ワタシのころなんて、スカートの長さから髪や眉のカタチまでキビシく校則で決められててさ。外国ってそんな校則ないんでしょ？」

それを知りたいのなら、もってこいの本があります。『こんなに厳しい！世界の校則』世界一九か国の校則から、興味深い例を集めてまとめたものです。

日本国内のおかしな校則を紹介する本は、過去に何冊もあったのですが、海外の事例を紹介したのは、これくらいではないでしょうか。意外と盲点でしたね。だれでも思いつきそうな企画だけど、いざやろうとすると、それぞれの国の教育事情に詳しい人を何人も探し出して協力を頼む必要があるから、そのあたりで企画が行き詰まるのかな。

見た感じは、ひまつぶし雑学系新書のつくりだけど、記述内容はけっこうしっかりしてるので、教育書としての価値があります。

ヘアスタイルの規定を校則で事細かに制限してるのは、やはりアジア諸国です。なかでもおもしろいのが、シンガポールのある中学の校則。〝受け入れがたいヘアスタイルの男子生徒は、プロの床屋によって学校で散髪を受け、散髪料五ドルを支払わなければならない〟

「むりやり散髪させてお金まで取るの？」

五ドルというのは相場の半額くらいらしいです。床屋を学校まで出張させてしかも半額ってことは、おそらく残り半額分は学校が負担しているんじゃないですか。だとしたら、むしろ良心的ですよ。

お国柄がうかがえる校則もあります。フィンランドでは、気温マイナス一八度以上なら、休み時間は外に出なければいけないそうです。

「マイナス一八度以上？　プラスじゃなくて？　凍死するわよ」

こどもの頃から寒さに慣れさせる訓練の一環なんだとか。そうかと思えば、ドイツやフィンランドなどでは、雪合戦が校則で禁じられてるそうです。日本と雪質がちがうので、固めた雪球が当たるとケガをするおそれがあるからだとか。

「自然環境がちがうと校則も変わるのね」

アメリカでは、急な便意などで授業中に教室を出る際には、廊下通行許可証を教師からもらわないといけない、って決まりがあります。これはもちろんサボりを防ぐためですね。一度この規則を破ると親に報告され、二度やると停学です。

「日本だけかと思ってたけど、けっこう、外国もキビシいのねぇ」

日本の校則のキビシさって、どこか的外れで無意味なキビシさって感じがするんですよ。日本の校則が海外と決定的にちがうのは、罰則規定がひどくあいまいなところだと、この本読んで強く感じましたね。海外はキビシくてもその意図が明確なんです。日本の校則は実効性をまるで考えてないし、なにが目的なのかよくわからないものが多いんです。

日本では以前から、学級崩壊とかいって、児童生徒が授業中騒いだり抜け出したりすることが問題になってきましたけど、ルールに則《のっと》った処罰をしていないんだから、なくなるわけがありません。ああいう行為はマジメに勉強をしたい生徒の権利を妨害するのだから、違法行為として厳正公平かつオープンに処罰すべきです。

さっきのアメリカの学校みたいに、二回注意されたら停学とか、きっちりシステムとして決まってるほうが後腐れがありません。日本は処罰規定があいまいだから、結局、抑えきれなくなると現場の教師の体罰に頼って、教師が個人的に怨まれることになるわけで。

日本の教育関係者は、情緒や道徳による指導のみでルール違反者を改心させるのを理想としてるのかもしれませんけど、その優しさが、かえって現場の教師やこどもたちに負担を強いているように思えてなりません。

「なるほど、今日も勉強になりました。じゃあね」

毎度！　……あの人がいつもそばを頼まずおしゃべりだけして帰るシステムは、どうにかならないものかな。このままじゃ、そば屋崩壊だよな……。

『こんなに厳しい！世界の校則』二宮皓監修
メディアファクトリー新書　二〇一一

【こちらもおすすめ】
『世界の学校』二宮皓編著　学事出版　二〇〇六

世界一四か国の教育比較文化論。文科省も似たような本を出してますが、記述がいかにもお役所的。こちらはそれぞれの国に詳しい人たちが執筆し、教育制度だけでなく、こどもたちの学校での様子まで伝わってきます。

お悩み其の三十六　歳をとるのはしあわせですか

「大将のご両親はお元気なの？」

ええ、ふたりとも揃ってピンピンしてる……はずですよ。ナポリにはしばらく帰ってないけど。

「遠くで心配じゃない？　あ、むこうに弟さんがいるんだっけ？」

弟はフィレンツェなんで、ナポリとは離れてますけどね。東京・大阪間くらいかな。どうしてまた、急にそんなことを聞くんです？

「こないだの父の日に、実家の父にプレゼントをあげたのよ。無趣味な人だから、なにをあげればいいのか毎年迷っちゃうのよね。で、迷ってたときふと思い出したの。先月の同窓会で、同級生の一人が、父親の認知症がはじまったみたいだって話をしてたのよ。ああ他人事《ひとごと》じゃないなあ、ワタシなんて一人娘だし、もし実家の親が寝たきりや認知症になったらどうしようって考えたら、気分が落ち込んじゃった」

そういえば、私は先日、違和感をおぼえたことがありました。あの例の、芸能人の親が生活保護を不正に受給してたんじゃないかって騒ぎのときです。彼を批判する意見のなかに、こどもに稼ぎがあるなら親を養うのは当然だから福祉に頼るな、みたいなのがけっこう多かったんです。なに、きれいごといってるんでしょうね。日本人は、こどもが親を養うという儒教的家族観なんて捨てたがってるくせに。

みんな年寄りと同居するのなんて露骨に嫌がってるじゃないですか。老人ホームに入れて、年に一、二回会いに行く程度なら、墓参りとかわらない。

「こらこら」

もしもですよ、親が年老いて寝たきりや認知症になったときは国が専門施設で無料で介護してあげますって制度ができたら、みんな喜んでまかせますよね。自分は年収が一〇〇〇万円で余裕があるから、自宅で自費で自己責任で面倒見ます、なんて奇特な人はほとんどいないと思いますよ。

みんなホンネでは親と距離を置きたがってるくせに、他人を批判するときだけ都合よく儒教的家族道徳という廃《すた》れかけたタテマエ論を持ち出してたことに、とても腹が立ちました。

そこで今日はこの本をおすすめしましょう。『痴呆老人の歴史』。二〇〇二年に出た本なんで、こんなタイトルがついてますけど、そのころは認知症という言葉が一般には使われてなかったんです。

「認知症って言葉も、日本語としてはちょっと違和感あるわよね。どちらかというと、不認知症とか認知不全症っていうべきじゃないのかな」

この本の内容はタイトルのとおり、痴呆老人——という言葉を今日はあえて使わせてもらいますけど、そういう人たちがどのように扱われてきたかを、平安時代あたりからずっとたどったものです。

それを語ることは、当然、広い意味での老人介護の歴史を語ることでもあるわけで、どちらかというと私は、そちらのほうに興味を惹かれました。

たとえばいま高齢化で問題になっている老々介護なんてのも、じつは江戸時代からあったことがわかります。九〇代の親を七〇代の息子夫婦が面倒を見てたなんて例があったんですね。

「江戸時代の人ってそんな長生きしてたの？」

平均寿命の数字には統計上のトリックがありまして、乳児や幼児の死亡率が高いと、ぐっと短くなってしまうんです。青年まで生き延びれば、江戸時代でも六〇、七〇まで生きることが珍しくなかったんです。九〇歳はさすがに長寿でしょうけど。

明治時代になっても、政府は老人福祉には力を入れなかったんです。儒教的精神や敬老精神を都合よく使って、老人の世話は個人に押しつけました。明治時代から戦前昭和の人たちだって、タテマエでは親を大事にしろといってましたが、ホンネでは、老人の世話なんてイヤだったんです。人々のうしろめたい部分を、文献資料から次々に浮かび上がらせていくところが、この本の秀逸なところです。

もっとも刺激的なのが、戦後の記述です。戦前にはなかなかいえなかったホンネが、戦後の自由な空気の中で噴出します。戦後まもなく発表された、丹羽文雄の『厭がらせの年齢』という短編小説が紹介されてるのですが、この小説も、ぜひ合わせてお読みになってみてください。激辛の内容に驚きますよ。痴呆になったおばあちゃんと、世話をする家族の話なんですが、「どこの家庭だって、いやいやながら老人を扶養してるのよ」といった、あけすけなセリフが、これでもかってくらいに並んでます。儒教道徳を説いた孔子は痴呆老人の真実をなにも語ってない、って批判も的を射てます。孔子自身は親を早くなくして、介護なんてものを経験してないんですから。介護はタテマエや精神論でできるもんじゃないですよ。

「困ったもんねえ。なにかいい解決法はないものかしら」

この本でもそこまでは立ち入ってません。この本のテーマは、痴呆老人と社会の関係や老人介護の歴史と現状をあきらかにすることであって、その役はじゅうぶん果たしてます。制度設計の議論は、それを踏まえて政治家や福祉の専門家がやればいいわけで。

ひとつ歴史からいえるのは、老人介護を家族だけで背負ってしまうと、虐待など、悲惨な結果に終わるケースが多いってことです。カネで雇われた他人が私情を挟まずやったほうが、老人も家族もしあわせになれるみたいですよ。

「愛は憎しみに変わりやすいのかもね」

ところで実家のお父さんにはなにを贈ったんですか？

「結局、味気ないけど商品券にしたの。それでね、一応前もって電話で確認しといたのよ。今年の父の日のプレゼントは商品券でいいか、って。そしたら父が、聴診器なんていらん！　だって。認知症がはじまったのかしら」

それは、耳が遠くなっただけなのでは？

『痴呆老人の歴史』新村拓　法政大学出版局　二〇〇二

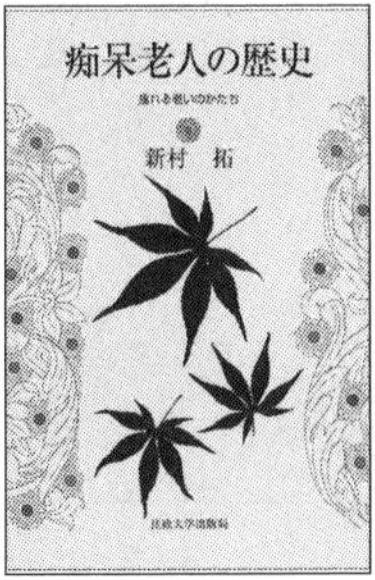

【こちらもおすすめ】

『厭がらせの年齢』
丹羽文雄　新潮文庫　一九四八

『恍惚の人』
有吉佐和子　新潮文庫　一九七二

痴呆老人を題材とした小説。どちらも発表当時から話題になった傑作です。社会問題に対してタブーをものともせず、キツい言葉でずけずけと斬り込み、人間の暗部をえぐろうとする文学作品は、めっきり減ってしまったような。ちかごろは作家も読者も、そういうのを望まなくなったのかな。

お悩み其の三十七　論理的に考えたい！

「お母さん、大変、大変」

「あらあら、どうしたのかしら」

「いま少子化がすすんで、こどもの数が減ってるんでしょ？」

「そうね。いきなり弟がほしいとかいわないでね、お母さんとお父さんにも、いろいろと心の準備とかお金の準備とかが必要だから」

「このまま少子化がすすむと、将来、日本のこどもは一人だけになっちゃうんだって」

「えーっ。それって、いつごろの話なの？」

「一〇〇〇年後！」

＊

「大将、大変、大変」

へイ、らっしゃい！　なんですか、騒々しい。

「少子化で、日本のこどもは一〇〇〇年後には一人になっちゃうらしいのよ」

計算上の理論ではね。ずいぶん前からいわれてることですよ。まさか、信じてるんですか？

「全然」

それ聞いて安心しました。

「ウチの子がどっかで聞いてきたみたいなの。ま、頭ごなしに否定するばかりでなく、たまには話にのってあげないとね。ワタシもたくさん本を読んで教養をつけたせいか、ちかごろはオトナの余裕が出てきたみたい」

読んでませんよね。ここへ来て私の話聞いてなんとなく納得して、近所の人に受け売りしてるとウワサにききましたよ。

ではは教養人でいらっしゃる奥様におたずねしますけど、あなたは、独自の計算法でその人口減少説を検証し直した結果、信じないことにしたのですか？

「するわけないじゃない、ただでさえ計算は苦手なのに」

では、なぜあなたはその説を信じないのですか？　理論的には正しく、計算上も証明されてるというのに。

「えっ、そんな理詰めで来られても。うーん、それは……そう、常識で考えてそんなわけないと思ったから」

ですよね。ときに常識は、論理のほころびをみつける手助けをしてくれます。そこで今日おすすめしたい本は、『「論理的」思考のすすめ』です。

「論理はダメだといったのに、それ、論理をすすめちゃってるじゃない」

いいえ、これでいいんです。著者の石原武政さんは、決して論理を否定してるわけではありません。ともすると、現実や常識を無視して論理をゴリ押しする人が多いので、論理的って言葉を手放しに賞賛せず、いったんカギかっこに入れた上で、おすすめしよう、って意図が込められているんだと思いますよ。

書店の人文書売り場に行くと、論理学の入門書や、論理的思考を勧める本、練習する本がたくさん並んでます。そこそこ売れてるらしいです。

その手の本のほとんどは、論理的思考がいかに大切で重要かを説いてます。論理的に考えれば、ほーらこの通り、正しい答が導き出せちゃいますよー、と人々に論理のありがたさを布教するかのような筆致で書かれてます。はたして本当にそうなんでしょうかね。

そんなに論理学や論理的思考が役立つなら、論理学の専門家は人類に多大な貢献をしているはずですが、そんな事例は聞いたことがありません。ぶっちゃけた話、論理学を専門に学んだ人がそれを活かせる職業となると、大学で論理学の先生になるくらいしかありません。

「またそんな悪口いって。怒られても知らないわよ。でもそういえば、ノーベル論理学賞なんてなかったわよね？」

石原さんの専門は論理学ではなく、ミクロ経済学です。学生のとき、ふたりの高名な経済学者の講義を受けて、そのうちのひとりからは、「常識を疑え。常識を疑うのが科学や経済学の役割だ」と教えられ、強く感銘を受けたそうです。ところがもうひとりの先生からは、「論理を組み立てたら、常識に照らしてチェックしろ」と教えられます。

「矛盾してるわよ」

若き日の石原さんも結論を出せずにほうっておいたといいますが、四十歳過ぎてから、実際の商店街の現場に積極的に出て研究をするようになって、転機が訪れます。

学者のつねとして、まず論理や理論の正しさありきで、現実がうまくいってないのを見ると、それは現場の人間のやる気がないからだ、正しい理論を実践していないからだ、と決めつけてしまいがち。

ところが実際の現場には、やる気にあふれた人たちがたくさんいて、努力もしてる。現場の商人たちから、気づかなかったことを教わることも多いんです。経済学がひねり出した商店街衰退の理論と現実の常識が食い違う。なのに学者たちは相変わらず、意見が合う仲間同士で議論をし、自分たちの正しさを確認しあうだけ。

そうした現実を目の当たりにして、理屈屋学者がどう考えを変えていったのか。

「どうなのよ」

それは、本を読んでのお楽しみ。

「なんなの、その売らんかな、みたいな引っ張りかたは」

私はこの本を、人文書というよりは、ノンフィクションとして興味深く読みました。ビジネス書として読んでも得るところが多いはずだから、サラリーマンや経営者のみなさんにも、おすすめしておきます。

「日本のこどもが将来一人になるって理論が、なぜ現実にありえないのか、なんとなくわかったわ」

ほう、なぜですか。

「日本のこどもが一人になってようやく、えーっ、いつのまに〜、この子が最後のこどもだったのかー、なんてわけないものね。もっと前の段階でだれか気づけよ、って話でしょ」

常識的に考えるとそうなりますね。千年後の日本人が全員アホになってたらそうなることも考えられますけど。

「逆に、その世界ものぞいてみたい気がする」

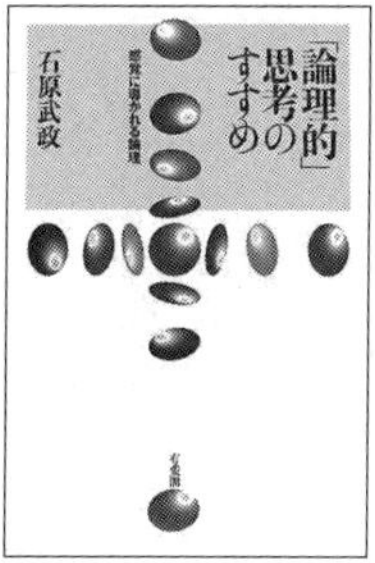

『「論理的」思考のすすめ』石原武政　有斐閣　二〇〇七

お悩み其の三十八　戦時下の庶民生活

「ああ、暑い暑い」

らっしゃい！　ホントに毎日こたえますね。

「あんまり暑いから、そこのコンビニでアイス買っちゃった。はい、大将のぶんもあるわよ。いいわよね、常連なんだから持ち込みで食べても」

おや、差し入れとは珍しい。じゃあ遠慮なくいただきます。……なんだこのアイス、異物が入ってる。

「異物？　まあ大変……じゃないわよ、これはクッキーアンドクリームといって、アイスにクッキーのカケラが入ってるの！　おいしいじゃない」

シンプルなジェラートのほうがよかったなあ。

「なにがジェラートよ、こういうときだけイタリア人ぶって」

お盆は帰省されたんですか。

「今年は家族でウチの実家にね。実家はラクだわあ。家事は母親任せにして、ごろごろテレビ見てられるし。で、テレビ見ててふと思っちゃったんだけど、お盆のころって終戦の日と重なるから、戦争関連の特集番組をやるじゃない。戦争の悲惨さとか平和の大切さを毎年再確認できるのはとてもいいことだと思うのよ。思うんだけど、そういう大事なことを、年に一度この時期だけ取りあげて済ませてるのって、なんというか……」

偽善っぽい？

「そうそう。ワタシの目線、ちょっとひねくれてるかしら」

いいえ、そういう意見はむかしからあったようですよ。一九七〇年代に出版されたジャーナリズム論の本に、岡本博さんが「偽善への自由」という小論を載せてます。すでに一九七〇年代には反戦気分も衰えて、テレビでも新聞でも、戦争ネタはお盆だけの風物詩みたいになってたんです。

それを偽善的だと批判する声もあったようですが、マスコミは最新情報を優先しなきゃなりませんから、現実には、戦争ネタを通年やり続けるのはむずかしい。だから、たとえ一年に一度でも、反戦や平和について考えてもらえるなら、偽善であってもかまわないいじゃないか、なにもやらずに記憶を風化させるよりは、絶対ましだろうという主張です。

「なるほどねえ。今日はその本がおすすめってこと？」

いや、残念ながらこの小論以外はありきたりな映画評などの寄せ集めなんで、わざわざ探して読むほどの本ではないですね。

「だったら、このあたしが、とっておきの本をおすすめしてさしあげましょうか？」

「大将、お店に異物が侵入してるわよ！」

「だれが異物だ。おだまり、お気楽専業主婦。おひさしぶり、さすらいのフリーライター、安城子子子《あんじようシネコ》です。あたしもアイスほしいな。チョコミントない？」

「あ、それバブル世代が好きな味だ」

「決めつけないで。それにバブル世代じゃありません。あなたと同世代です」

暑いんで、さっさとおすすめ本を教えてくれませんか。

「しばらくぶりのゲストだってのに、扱い悪いわね、まったく。あたしのおすすめは、こうの史代さんの『この世界の片隅に』」

へえ。ここでマンガを取りあげるのは、はじめての気がします。

「戦時下を舞台にしたテレビドラマとかが、ともすると偽善っぽく思えてしまうのは、時代の描きかたにもあるんじゃないかな。戦争の悲惨さを強調したいがために、戦時下の生活の抑圧された暗い面ばかりを描いてしまいがちなのよね。たしかに抑圧されてはいただろうけど、庶民は毎日どんよりと、しかめっつらで暮らしてたわけじゃないはず。おおっぴらに明るくふるまうと、不謹慎とか非国民とか後ろ指をさされかねないから、表向きはまじめにしてただけで、毎日の暮らしには、笑いも涙も普通にあったんじゃないかと。

このマンガは、戦争末期の昭和一九年に、十八歳くらいで広島県の呉に嫁に行った〝すず〟の、嫁ぎ先での日常を描いてます。前半は、食料を節約するためにどんな料理を作ってたかだとか、配給の様子や食料品の値段が高騰していく様子とか、主婦目線で細かいディテールを積み上げてユーモラスに描かれてるの。お勉強くささとか、押しつけがましさがないのがいい。

ふとしたきっかけで知り合った女郎が以前、夫と深い仲だったことを知ってしまい悩んだりもするし、これ読むと、戦時下の生活にだって、笑いも涙も愛も嫉妬も、ごく普通に存在したはずだな、って思えてくるのよ。そういう人間ドラマに説得力があるのは、背景となる生活を丹念に描くリアリズムあってこそ、って感があるわね。

後半はさすがに、空襲がはじまって戦時色が濃くなるけど、主人公ののほほんとしたキャラのおかげで、このまま平穏に終戦を迎えるんじゃないかとさえ思っちゃう。でも、じつはそうやって読者を油断させといて、とんでもない悲劇が襲う仕掛けになってます」

そのマンガ家さん、なかなか曲者ですね。

「悲劇が悲劇たるゆえんは、平穏な日常に突然訪れるからなのよ。いきなり腹を殴られるような、え、なんで？　という驚きと痛みの混じった理不尽な感覚。笑いやしあわせの前フリがあってこそ、落差としての悲劇が効いてくるのに、そこを理解していない人が戦争ドラマや映画を作ると、最初から最後までまじめに悲惨さだけを強調してしまうわけ。だから、上っ面のお涙ちょうだいになって、偽善的に感じちゃうんじゃないかな」

「ワタシ、結婚してからマンガを読まなくなっちゃったんだけど、そのマンガなら読んでみたくなったわ」

「おっと、こうしちゃいられない。次の仕事に行かなくちゃ」

忙しいですね。今度はどんなお仕事ですか？

「センジョーカメラマンよ」

「そんな命がけの仕事もするの⁈」

「豪華客船で、乗客の記念写真を撮る係。だから船上カメラマン！　それじゃ！」

あのギャグセンスといい、やっぱりあの人バブル世代なのでは……。

「だんだん、岡本夏生に見えてきた」


『この世界の片隅に』（上・中・下）こうの史代　双葉社　二〇〇八・二〇〇九

©こうの史代／双葉社

【こちらもおすすめ】

『アイシテル　——海容——』（前・後）伊藤実　講談社　二〇〇七

秀作マンガをもう一作。一一歳の少年が七歳の少年を殺した事件の罪と罰をめぐる、加害者・被害者それぞれの家族の物語。原作はテレビドラマ版より設定がハードで、心に重くのしかかります。覚悟してお読みください。

お悩み其の三十九　戦前は超格差社会

「苦しいわあ」

早く病院に行ったほうがいいですよ。

「家計が」

なんだ。どうせ、ブランドもののバッグ買っちゃった、とかそんなことじゃないんですか。

「そんなセレブな悩みを口にしてみたいわよ。毎年夏休みにはけっこう使っちゃって、翌月が苦しくなるってだけ。こどもの教育費とか将来のことをあれこれ考えたら、普段からもっと引き締めないといけないんだけどね。悪いけど今日は、おそばは注文できないわ」

そば頼まないで話だけ聞いていくのはいつものことですよ。だいたい、おたくなんて、ずいぶん恵まれてるほうじゃないですか。あなたは専業主婦だし、ダンナ一人の稼ぎで家族三人、豊かに暮らせてるんですから。世間の平均からしたら、格差社会の勝ち組だって嫉《ねた》まれても不思議じゃないくらいです。

「最近、格差社会って言葉よく聞くようになったじゃない。いつごろから格差って聞くようになったのかしら」

いつごろからと聞かれたら、ずっとむかしからとしかいいようがありません。戦前の日本なんて、いまとは比べものにならないくらいの圧倒的な格差社会だったんですから。当時は、大卒のサラリーマンとそれ以外の労働者には、あからさまな待遇と賃金の差があったし、大企業の重役ともなると、ボーナスだけでも、いまのお金に換算して八億円くらいもらってたそうですよ。

「は、八億？　宝くじより多いじゃない！」

もちろんそんなのはごく一握りのエリートですが、それ以外の普通の人たちが戦前、どんな生活をしていたか、お金の面から解き明かした好著があります。岩瀬彰さんの『月給100円サラリーマン』の時代』。

経済学にも、経済学史とか経済史といった分野はあるんですが、そのほとんどはマクロ的――つまり、国や世界の経済動向といった大きな流れのみを扱ってます。物価にしても、マクロ経済学では一般物価といったような、日常生活とは無縁の指標に変換されてしまいます。だから経済学の教科書を読んでも、むかしの庶民がどんだけ給料もらって家賃いくらの家に住んでたか、といった具体的な暮らしぶりは、ちっともわからないんです。

著者の岩瀬さんは冒頭で書いてます。戦前の昭和を舞台とした向田邦子とかの小説を読んで物の値段とかが出てきても、それが高いのか安いのか、戦後生まれの人たちにとっては見当もつかないのが不満だと。

「そうそう。その手のドラマを見てても、同じこと思うもの」

岩瀬さんはそれをあきらかにするために、戦前の経済雑誌に載っていた生活費に関する記事などを読み漁ったみたいです。

「地味な作業ねぇ」

ジャーナリストらしいやりかたです。理論派の学者や評論家は、そういうディテール拾いみたいな作業を小バカにしてやろうとしないんです。

戦前昭和の物価は二〇〇〇倍すると、だいたいいまの価値に換算できるとされてます。当時の一円がいまの二〇〇〇円てことです。で、当時の平均的サラリーマンの月給は一〇〇円だったといわれてます。

「いまなら月給二〇万円てとこか。独身ならともかく、家族がいたら苦しそうね」

でも全体的に物価がいまより安かったんで、そこそこの暮らしはできたようです。なにしろ月四〇円出せば、都内で一戸建ての借家に住めたそうだし。

「四〇円てことはいまの八万円？　いま都内で一戸建てを八万円で借りるなんて、ムリムリ」

それに、月給一〇〇円くらいまでなら無税だったのも大きいでしょう。戦前は税金を払ってたのはお金持ちだけだったんです。

「うらやましいわあ」

だけど、年金とかの社会保障も一切なかったんですよ。

「それもちょっと……。じゃあ、さっき話に出た八億円ボーナスの重役は、どのくらい税金払ってたのかしら」

月給には課税されますが、ボーナスは無税だったそうです。

「えーっ！　八億が無税？　ちょっとなんなの、その格差！」

サラリーマンは月給一〇〇円で苦しかったというけど、労働者階級だと月給はその半分、せいぜい五〇円か、ヘタしたら一〇円、二〇円のレベルです。上と下を比べたら、天文学的な格差社会だったことがおわかりになるでしょう。だからむかしのほうが、大卒という肩書きに対する執着心は激しかったんです。

「格差社会は学歴社会でもあったわけね」

この本が読みものとして秀逸なのは、数字ばかりでなく、人間的なエピソードも紹介されてるからです。たとえば、出世をあきらめた安月給のある役人の武勇伝。その男、とにかく食費も光熱費も切り詰めて、貯金にはげみました。それを元手に安い貸家を建てて、同僚に貸して儲けます。同僚なら役人だから、取りっぱぐれがないわけです。

「考えたわねぇ」

儲けてはまた貸家を建てるというのを繰り返し、ついには二〇軒ほどの大家になったそうです。なかには、そういう特殊な手段で格差社会を勝ち抜いた人もいたんですね。

この他にも、当時の大学生気質がいまとたいして変わらないことだとか、衣食住から教育まで、戦前の庶民生活をこれ一冊で概観できるおすすめ本なんですが、なんとも腹立たしいことがあるんです。

＊

単行本ではこのあとパオロが、こんな良書がすでに品切れで入手できなくなっていることを嘆いて終わるのですが、二〇一七年にちくま文庫で復刊されました。

『「月給100円サラリーマン」の時代』 岩瀬彰　ちくま文庫　二〇一七

【こちらもおすすめ】

『江分利満氏の優雅な生活』 山口瞳　ちくま文庫　二〇〇九

戦後から昭和三〇年代までのサラリーマン像が生き生きと描かれてます。具体的なものの値段が詳しく書かれているので資料的価値もある。新婚時の間借り代二一〇〇円。熱海の新婚旅行に七〇〇〇円。パンツは三枚一〇〇円なり。

お悩み其の四十　ハーフはつらいよ

「こないだ新聞のテレビ欄を見てたら、国際ハーフマラソンってのがあったの。一瞬、えっ、てびっくりしたけど、早とちりだったわ」

なにをおっしゃりたいのですか？

「距離がフルマラソンの半分だからハーフってことなのよね。でも、国際ハーフマラソンって文字だけ見たら、出場者が全員ハーフの人ばかりのマラソン大会なのかなぁ、ってだれでも一瞬考えるじゃない」

考えません。そんなヘンな妄想をするのはあなただけです。

「そういえば先週、ウチの遠縁にあたる親戚の娘さんに街でばったり会ったのよ。そしたらなんと、彼氏連れで、しかもその彼氏が外国人のイケメンだったの」

はあ、そうですか。

「すっごいラブラブなのよ。もし二人が結婚して、こどもができたら、ハーフのかわいい子が生まれるんでしょうねえ。青い目で、ベッキーみたいな元気な子が[1]」

だといいですけどね。

「なによ、食いつき悪いわね。いつもだったらすぐ話にのってきて、トントントン、って会話が弾むのに。あ？　ひょっとしてアンチ・ベッキー派？　さてはあなた、シエリー派なの？」

いいえ、私は滝クリ派。って、いつからそんなハーフ派閥抗争がはじまったんですか。あなたはなにやら、ハーフという存在に妙な思い込みがあるようですね。あなたの親戚のお嬢さんが本気で国際結婚を考えているのでしたら、ぜひ、この本を一読するよう勧めてあげてください。もちろんあなたのような偏見に満ちた日本人にもおすすめですが。

「悪かったわね。なにこれ。『ハーフが美人なんて妄想ですから‼』って、どういうこと？」

文字通りの意味ですよ。日本人は、ハーフはみんな美男美女で英語がしゃべれると勝手に決めつけてるけど、そうじゃないハーフもたくさんいるという現実を直視していただきたい。

「なんだか力入ってるわね」

基本的には、日本におけるいわゆるハーフのありのままの現実や、あるあるネタを集めた、笑える読み物系新書なんですが、それだけで読み捨ててしまうのは、ちょっともったいない。比較文化論入門編のテキストとしても使えそうだし、なにより、これからハーフのこどもを持とうとする親や国際結婚を考えてる人たちにとっては、貴重なアドバイスが詰まった実用書として役立つであろうと保証します。

そもそも、なぜか日本人のなかには、西洋人の血が混じるだけで確実にこどもが美男美女になるとカン違いしてる人が多いんです。

生物学的には、親からの遺伝子は父母両方から半分ずつ受け継ぐものです。だからといって必ずしも顔立ちや見た目に両親の特徴がちょうど半々ずつあらわれるとはかぎりません。日本人同士の両親のあいだに生まれた兄弟姉妹でも、兄は父親にそっくりな顔をしてるのに妹は母親に瓜二つだ、なんてケースは珍しくないでしょう。

「まあね」

ハーフの場合、それが悲劇をもたらすこともあります。この本で紹介されてる例ですと、ギリシャ人の父と日本人の母のあいだに生まれた兄妹の話。兄は父親似で日本人が考える理想のハーフ顔に生まれたもので、母親は大喜びでした。ところが妹は母親似で日本人顔だったんです。彼女はこどものころから母親に、妹は残念だ、と繰り返しいわれ続けたことで、すっかりコンプレックスのカタマリのようになってしまったんだとか。

「まあ、かわいそう」

容姿は生まれもってのものだからしかたないとしても、語学に関しては、親の教育にすべてかかってるんです。中途半端な残念バイリンガルにならないよう、幼いころから意識して父母の言葉を両方きちんと教えないといけません。

しかもハーフはいじめの対象にもなりやすい。どんな学校に通わせるべきか、ハーフの子を持つ親は、こどもの教育方針に関してはできるだけ早いうちから決めておかないと、こどもが大変な苦労をすることになると著者は警告しています。

教育以前に、まず生まれた時点でどの国の国籍を取得するかで、その子の将来が左右されることもあるので、適当に済ませるわけにはいきません。

「ハーフの親になるのって、相当の準備と覚悟が必要なのねぇ」

教育も考えると、お金もね。

国際結婚するだけなら、くっつこうが別れようがオトナ同士の問題ですけど、こどもを作るとなると、よくよく考えるべきですよ。

親の離婚がハーフの子の人生に与える影響は日本人同士の離婚より大きいかもしれません。じつは国際的にも問題となってるんですが、海外で暮らしていた日本人女性が離婚すると、こどもを連れて日本に帰ってしまい、父親が面会を求めてもこどもを会わせようともしない身勝手な例がかなり多いんです。

この本でも一例が紹介されてます。こどものころ親が離婚して、日本で母親と暮らしていた高校生の男の子の前に、ある日突然、見知らぬヒゲ面の外国人が「パパだよ！」とあらわれました。父が自分を探して会いに来てくれたことを、こどもはうれしがって交流を続けてるそうですが、母親は、息子が父親と会うことをいまだに快く思ってないそうです。

「母親の気持ちもわからなくもないけど……」

こうした問題を、日本がハーグ条約という国際条約を批准してないからだ(2)と論じる人もいますけど、私は日本の国内法の問題だと思ってます。日本の法律は共同親権を認めてないんです。つまり、離婚するとこどもは父母どちらか一方のものになってしまい、親権のない側の親はこどもに会うことすら拒否されることがあります。

「国際結婚だけじゃなくて、日本人同士の夫婦でもあることでしょ？」

そう。だから国内法の問題なんです。たいていの場合、日本ではこどもは母親のものとされてしまうのも問題です。別れた父親がこどもに会おうとしても、なんだかんだと理由をつけて断られることもある。

別れた夫の顔など金輪際見たくもない、と女性が思って一生会わないのは自由です。でも、こどもにとっては血のつながった父親なんですから、会う権利を奪うのは卑劣な行為ですよ。それを容認してしまう日本の法律は、やっぱりおかしいです。

「ハーフの問題から、日本の問題点も見えてくるのね」

（1）このころのベッキーは元気だった。

（2）二〇一四年、日本でも発効された。

『ハーフが美人なんて妄想ですから!!』サンドラ・ヘフェリン
中公新書ラクレ　二〇一二

お悩み其の四十一　あこがれの万引きＧメン

「ねえ、あなた、折り入って相談したいことがあるんだけど」

「なんだい、かしこまって」

「あの子もだいぶ手がかからなくなったことだし、ワタシ、そろそろ働きに出ようかと思うの」

「へっ？」

「ダメ？」

「ダメではないけど意外だなあ。べつに家計が苦しいわけでもないし、結婚したら専業主婦になると宣言したきみに、どういう心境の変化が起きたのかな」

「じつは、やってみたい仕事があるのよ」

「おおー。きみの口からそんな言葉を聞く日が来るとは。で、やってみたい仕事って？」

「万引きGメン！」

「それって、客のフリしてスーパーとかの売り場に紛れ込んで、万引き犯を捕まえるやつのことだよね？」

「そうよ。テレビで見ててビビッと来たの。正義感の強いワタシにぴったりの仕事なんじゃないかって……なにハラ抱えて笑ってるのよ！」

「ごめんごめん。じゃあさ、ボクが万引き犯の役をやるから、きみ、Gメンの役をやってみてよ」

「しのびねえな、って、ちがーう！　漫才やりたいわけじゃない。本気でいってんだからね！」

＊

「ホント、失礼しちゃう。バカにしてるんだから」

ところで、Gメンってのはガバメントメンの略、つまり公務員のことなのに、なぜ日本では民間の警備員をGメンと呼ぶのですか？

「知りません」

まあまあ、そうヘソを曲げずに。ちょうどよかった、いまのあなたに、どストライクではまりそうな本が出たんです。『万引きの文化史』。世間でも評判になってるようだから、まずは、これで予習してみたらいかがですか。

「外国の本かぁ。アメリカなの？　日本のことが知りたいんだけど」

私は若いころ、店員のアルバイトをしてたとき、万引きの事例を何度も目撃しました。そんなわけで以前、日本の万引きについて文献を調べようとしたのですが、万引きに関する調査研究って、他の犯罪に比べて驚くほど少ないんです。

「万引きはたいした犯罪ではないってこと？」

冗談いっちゃ困ります。万引きによる小売業の損失は、日本全体で年間四〇〇〇億円以上といわれてます。

「すさまじい数字だわ」

これだけ深刻な犯罪なのに実態がはっきりしないのは、店側が被害実態をあまり公にしたくないからでしょう。

「あの店、万引き被害が県内トップだったんだぜ、なんて評判が立ったら不名誉だものね」

そういう評判が立って万引きのターゲットにされ、実際に閉店に追い込まれた小売店の例もあります。

これまで日本で出てた数少ない本は、それこそ現場のGメンだった人の手記みたいなのがおもで、それはそれで参考になるんですけど、きちんとした調査研究がなかっただけに、この本には期待してたんですよ。

「で、どうなの？　参考になった？」

やっぱり、と思うところと、えーっ、と驚かされるところと、それはちがうんじゃないかと納得できないところが混在してますね。結論からいえば、万引きをテーマにした文化史の本としては凡作ですが、現代アメリカの陰の一面を暴いたルポとしてみれば、一読の価値があります。

八〇年代アメリカの経済成長期に、万引きも大幅に増えたというデータには驚きました。べつの調査では年収二万ドルの人より、年収七万ドルの人による万引きのほうが多かったそうです。

「なにそれ。貧しいから万引きをするんじゃないってこと？」

はい。もちろんなかには、レ・ミゼラブルのジャン・バルジャンのように食うや食わずでパンを盗む者もいますけど、金持ちにも万引き犯はいます。つまり、収入や資産レベルに関係なく、万引きをする人はする。しない人はしない。そういうこと。だから、万引きは依存症であるとする説にもうなずけます。

「でも、アメリカ人って、なんでもかんでも依存症にしたがるじゃない。安易な感じがしないでもないわ」

セックス依存症なんて、最初耳にしたときはみんな冗談だと思いましたよね。ゴミ屋敷問題はアメリカでも起きてますが、あれもある種の依存症として、カウンセリングでやめさせる試みが行われてます。依存症として治療効果があればいいのですが、万引き依存症治療の効果に関しては、まだ見解が割れているようです。

この本を読んで多くの人が反発をおぼえるとしたら、万引きを正当化したり礼賛したりする擁護論の紹介に、多くの紙幅を費やしている点でしょうね。著者が擁護論者というわけではなさそうですが、読んでいて気持ちのいいもんじゃありません。

というのは、その理屈というのがみんな稚拙だからです。個人経営の小さな店からパクるのはいけないけど、大きなスーパーマーケットチェーンは大儲けしてるのだからパクってもいいのだ、なんてこじつけばかりで、納得できる論理はひとつもありません。

大手スーパーが万引き被害で利益を減らしても、経営陣は自分らの報酬を維持したまま、末端のパートや店員を解雇するだけですよ。万引き被害のとばっちりを受けるのは、つねに貧乏人です。万引きは金持ちへの復讐にはなりえません。

「泥棒にもナントカの道理とかいうことわざは、アメリカにはないのかしら」

この本には書いてないのですが、万引きに関する国際調査（ＧＲＴＢ）を見ますと、じつはアメリカでは、万引きよりも店員による内部犯行被害のほうがかなり多いんです。もしかして、そんな実情があるから、アメリカ人は万引き被害に対してどこか醒めてるのかもしれません。

「店員も味方とはかぎらないだなんて、アメリカの万引きＧメンは大変そうね」

『万引きの文化史』レイチェル・シュタイア　黒川由美訳　太田出版　二〇一二

お悩み其の四十二　あとからじわじわ効く読書

「こんちは。寒くなったわねえ」

ヘイ、らっしゃい！

「なんかカラダのあたたまりそうなものは、と……メニューが代わり映えしないわねえ。新メニューとか、攻めの姿勢を見せなさいよ」

今日はずいぶんと上から目線だなあ。新メニューってほどではないんですが、トッピングでとろろ昆布をはじめてみました。これをのせるだけで、ごく普通のかけそばが、料亭の味に！

「行ったことないから知らないけど、料亭って、かけそば出すのかしら？　せっかくのおすすめだから、それちょうだい」

かけ一丁、昆布のせー！　ヘイ、お待ち！

「ホントだ。意外といいかも」

でしょ？　今年最後のサプライズ。

「ああ、今年もいろいろあったわよねえ」

たとえば？

「え？　えーと……」

相変わらず、なにも考えずに生きてますね。

「いろいろありすぎて、考えすぎちゃうから、なんだかわかんなくなっちゃうのよ」

いまのあなたの言葉を聞いて、むかし読んだ本のことを思い出しました。ベイトソンという文化人類学者が、自分は脳の四分の一くらいしか使えてない気がすると、娘に話すんです。あとの四分の三はどうしたのと聞かれたベイトソン、学校で勉強したら脳の四分の一がモヤモヤ曇ってしまった。新聞を読んだり他人の話を聞いてたら、また四分の一が曇ってしまった。あとの四分の一は、自分でいろいろ考えているうちに曇ってしまったんだ、と答えます。

「なんだかダメな学者さんね」

ベイトソンはちょっと——かなり、かな？　変わった人だったらしく、バリ島の風習、イルカの習性、統合失調症やアルコール依存症の研究など、さまざまな分野に首をつっこんで手広く研究してました。そのせいか、なかなか評価されなかったようです。なにごとも、特定分野をひと筋に極めた人のほうが評価されやすいですからね。

その彼が七〇歳近くなってから、それまで書いた論文やコラムをまとめて出版したのが『精神の生態学』という本です。この本が評判になったことで、ベイトソンの名はようやく世間に知られるようになったみたいです。

「なにこれ。ぶ厚い。堅そう。むずかしそう」

まあ、そうなんですけどね。専門的な部分も多いので、ちゃんと理解しようとするとけっこう骨が折れることでしょう。私もよくわからないところは飛ばし読みしました。なんせ一九七二年に出た本なので、統合失調症のダブルバインド理論がいまでも通用してるものなのかとか、内容面の正確性は私にはわかりません。でも、むずかしいけど妙におもしろいから、なんだか好きなんですよね、この本。

日本人の学者さんは、むずかしいことはまじめに書かなきゃいけないと思い込んでるフシがあります。欧米の学者は、まじめな内容の本にも、ちょろっとユーモアやジョークを滑り込ませたりするもんなんですけど。

「日本ではそういうことをすると〝ふざけてる〟って怒られるのよ、きっと」

この本の最初の章は、ベイトソンの学問や社会に対する基本理念が、パパと娘の会話体で書かれてます。さっきの脳の話もここで出てきます。

会話体の文章は、とっつきやすいし、説明もしやすそうだから、ブログとかでもしばしば使われてるのを目にします。ただ難をいうと、キャラが全然立ってないケースがあるんですよねぇ。会話体の文章は、どんなに短いものでもキャラ設定が不可欠なんですけど、それをやらない筆者が多い。AさんとBさんの会話のはずなのに、キャラ設定がないから、同一人物が自問自答して納得してるだけにしか思えなかったりとか。

「想像すると、ちょっとコワいシチュエーションだわ」

『精神の生態学』のパパと娘の会話は、おそらく実際に交わされた会話でなく、ベイトソンの創作でしょうけど、なかなかよくできてます。一般読者なら、とりあえずここだけ読んで、あとは読まなくても、知的好奇心を満たせるんじゃないかと。

さきほどの、脳がモヤモヤする話も、一〇年以上前に読んだときには、おもしろいなとしか思わなかったんですが、いまの私は深くうなずけます。がんばって勉強して知識を大量に仕入れたって、頭がスッキリするとはかぎらないし、それが血肉にならないことも、ままありますからね。

そんなこと考えながら、いまパラパラと読み返してたらビックリしました。先日私はブログで、世間の人たちが表面的な〝寛容さ〟で他人の善悪を決めてしまったりする風潮を批判する意見を述べたんです。そしたらなんと、この本のパパと娘の会話の中でも、娘が寛容という言葉を不用意に使ったことでベイトソンが怒ってるじゃないですか。

寛容であることは一種のボケだ、ものごとをよく考えずに決めつけてボヤけさせてしまう愚行だ、寛容であれ、なんて学校で教えたりするから、みんな頭がボケちまって、大事な区別がつかなくなるのだ！

「かなりの激怒ね、ベイトソンパパ」

考えすぎても頭はモヤモヤ曇る。なにも考えずに常識や寛容さに頼っても頭はボケてしまう。世の中は矛盾だらけですよ。だったらやっぱり、考えたほうがましなのか。ずいぶん前に読んだんで、自分ではこの寛容さのくだりをすっかり忘れてましたけど、気づかぬうちに、ベイトソンパパの影響をしっかり受けてたのかもしれません。

「すぐに効果がなくても、あとからじわじわ効いてくる読書ってのもあるんじゃない？」

そういうこと。うちのそばの味と一緒です。

「そこまでの味では、ない」

『精神の生態学』（改訂第二版）グレゴリー・ベイトソン
佐藤良明訳　新思索社　二〇〇〇

【こちらもおすすめ】
『シニカル理性批判』
ペーター・スローターダイク　高田珠樹訳　ミネルヴァ書房　一九九六

連載最終回は、自分の好きな本を紹介することに。迷った末に『精神の生態学』を選びました。もう一冊の候補だったのがこちら。シニシズム（冷笑主義）がファシズムを招くという歴史の警告。いまこそ全日本人必読の書。

あとがきにかえて――がっかりした本大賞

「みなさま、ごきげんよう。お嬢様育ちでＩＱ３００のフリーライター、安城子子子《あんじょうシネコ》でございます。連載時には、レギュラーのはずだったのに出番がかなり少ないという屈辱的な扱いを受けたので、今回、単行本化に際しまして、書き下ろしコーナーの進行役を仰せつかりました。パオロさん、そして親愛なる読者のみなさま、本日はよろしくお願いいたします」

よろしくです。本書はもともと、『コドモダマシ』（春秋社）という作品のスピンオフとしてスタートした連載でした。『コドモダマシ』の舞台と同じ町内に暮らすべつの家族が主役で、彼らのお悩みを解決できそうな本を、ワタクシ、パオロが毎回おすすめしていくという趣向。本の内容紹介よりコントみたいな部分のほうが多かったりもしましたが、まあそこは、書評という名のコントということで、大目に見ていただければと。

安城子子子は、私のサイトや本に何度か登場してたキャラで、雑誌連載時の第十回と十一回のみのゲスト出演のつもりでした。なのに、ウェブ連載に移行したとき、うっかり登場人物一覧に名を連ねてしまいました。それで一度も登場しないのもヘンなので、しかたなく、もう一度だけ再登板を願った次第です。

「なるほど。いまのご発言を要約させてください。せっかくのいいキャラを活かしきれなかったのが痛恨の極みだとおっしゃりたいのですね」

あなたは耳が悪いのですか？　それともアタマが悪いのですか？

「そろそろ本題に移らせていただきます。本日のお題は、〝がっかりした本大賞〟ということですが、いつになくネガティブな趣向ですね」

私は日頃から、いいもの、おもしろいものだけを紹介するよう、つとめてます。ブログとかで悪口書くならともかく、原稿料をいただいて悪口書くってのは、えげつないというか、なんというか。だいいち、つまらない本や作品を山ほど紹介されたって、読者は得るものがないじゃないですか。

悪口書くと、歯に衣着せぬとか辛口だとかいって喜ぶ読者もいます。そういう人はえてして、ほめてる記事はどうせお金もらって書いてるからホンネではない、と決めつけてたりしますけど、そんな単純なもんじゃありません。

「悪口だって、あれを批判する記事を書いてくれ、と発注されて原稿料もらってるケースもありますよね」

　当連載は正直にやりましたよ。私自身が過去に読んでおもしろかった本、内容が有意義で一読の価値があると認めた本だけをおすすめする方針を貫きましたから。

　その基準で本を選ぶとなると、新刊書ばかり紹介するのはムリです。たとえ絶版になってても、いいものはいいのだ、図書館で借りてでも読んでくれ！　と自信を持っておすすめできる本を選んだつもりです。あわよくば、このなかで品切れ・絶版になってる良書が文庫化されたり復刊されたりしないかなー、なんてね。

　でもなかには、あの本むかし読んでおもしろかったから取りあげよう、と決めて、記憶を新たにするために読み直すと……あれっ？　てことも。

「人生に希望を持っていた若いころに読むのと、人生にくたびれた中年になってから読むのとでは、同じ本でも印象は異なりますものね」

　いちいち、いうことがクドくてトゲがあるな。まあ、いわんとしていることは、そういうことだけど。

「では、具体的に何点かあげていただきましょうか。まずは、どいつを血祭りに？」

やめなさい。そういう不穏な空気を煽るのは。のっけからですが、私が認定する今回のがっかり大賞を発表しちゃいます。山本七平『「空気」の研究』(一九七七)。

これね、いまでもおすすめ本としてときおり名前があげられているのを目にします。空気を読めよ、みたいないいかたが流行るずっと前、一九七七年にすでに日本特有の「空気」という表現にいちはやく注目していた本として知られているからです。

私はこれ、かなり以前に読んでまして、そのときはたしかに感心しました。

「なんだかずいぶん、ほめちぎってません?」

だから当連載の企画にぴったりだと思い、しばらくぶりに読み直したのですが……最初に読んだころは私も若く、ものを知らなかったのだなぁ、と痛感しました。

たしかに冒頭の、日本人の道徳は差別道徳だ、なんて考察は的を射てます。身内にはとても親身に礼を尽くすことを強要されるけど、無関係の赤の他人が道で倒れてたって、知らないフリで通り過ぎる差別的な道徳心が日本人にはある、というね。まあ、同様の指摘は、戦前からあったので、オリジナリティはないけれど。

本題の「空気」論に入ると、私はがっかりしました。原則論としては通用するかもしれないけど、論証過程は問題だらけ。よく調べもせずに、都合のいい例だけを持ち出して、自分の理論と思想を正当化してるだけなんです。エッセイとしてなら読めますけど、批評・評論としては、評価に値しません。

なかでも最大の欠点は、当時社会問題となっていた大気汚染に関して、山本の認識が甘すぎたこと。この本が書かれたころ、大気汚染に悩んでいたアメリカでは、自動車の排気ガスをもっとクリーンなものにするよう、法律による規制をかなりキビシくすることが決まってました。日本もこれに倣《なら》おうとしたところ、日本の自動車メーカーは猛反対。排気ガスをきれいにする装置なんかをつけたらコストが跳ね上がり、クルマは売れなくなってしまう、ひいては日本の輸出産業は壊滅的ダメージを受けてしまう——というのがその理由。

で、山本はその自動車メーカーの脅しをすっかり鵜呑みにして業界擁護の論陣を張ります。そのなかで出てきたのが、排気ガスが大気汚染の原因だという科学的証拠はないのに、市民が、クルマがワルモノであるという「空気」を作って責めている、という批判だったのです。

現代のわれわれは、その後どうなったのか、結果を知ってます。日本の自動車メーカー、ホンダが、世界に先駆けて、アメリカでのキビシい排気ガス規制にパスするクルマを作ってしまったんです。するとこれまでムリだといってた他社も一斉に手のひらを返し、ウチも出来ますといいだしました。結局このことがきっかけとなって、クリーンで低燃費で故障しにくい日本車が注目を集め、アメリカの市場を席巻するようになったのです。

しかも、当時と現在を比べれば、確実に日本の空気はきれいになってます。当時規制に反対してた人たちはいま老人になり、きれいな空気を吸いながら余生をすごしています。彼らは健康面でも経済面でも、環境規制の恩恵を受けているんです。

「規制に反対してたおまえらには、いまの日本のきれいな空気を吸う資格はない、中国へでも行けと」

そこまではいわないけど、反省はしてほしかったですね。公害や環境汚染を非科学的で些細な問題だと決めつける「空気」や、環境対策は経済をダメにするという「空気」や、問題視する人たちをヒステリーや左翼と決めつける「空気」を作って、環境問題を押さえ込もうとした山本のようなおじさんたちこそが、環境対策を遅らせ、人々の苦しみを長引かせたのですから。

「その意味では、日本人は空気に流されやすいという説は当たっているのでは?」

たしかに。空気を批判していたはずの山本七平だって、自覚せずに空気を利用して大衆批判をしていたのだから、皮肉なもんです。

「では、続いてまいりましょう」

先に大賞を発表してしまいましたので、あとは比較的小粒な本しか残ってませんよ。和辻哲郎『風土』（一九三五）とかね。

「小粒どころか、日本では古典的名作とされてますけど？」

これが出版された昭和初期なら、ほとんどの日本人は海外事情を知るよしもなかったわけだから、その評価にもうなずけます。

でもいまや、テレビやネットで世界中の情報が手に入るし、ヘタしたら海外旅行のほうが国内旅行より安かったりする時代ですよ。現代人の目で読んだ場合、ひとことでいえば、『風土』はトンデモ本でしかありません。

日本はモンスーン気候で湿度が高いから、日本人は受容的・忍従的だとか、イタリアは乾燥してて農作業に手間がかからないから、イタリア人は怠け者だとか。

「日本人にだって、怠け者はいるし、イタリア人にだってガマン強い人はいますよね。あたりまえすぎることですけど」

ギリシアなんて、怠け者のイメージではイタリア人に勝るとも劣らないはずなのに、和辻はギリシア人は合理的だとヨイショしてます。たぶん、ソクラテスなどの哲人を輩出した国だから特別扱いしたかったんでしょうね。イタリアと似たような気候風土なのに、かたや怠け者で、かたや合理的。もはや苦笑するしかありません。

この本の悪影響は、いまだに県民性といううさんくさい研究分野に引き継がれてます。こないだテレビを見てたら、群馬県は日本でいちばん夫婦げんかが多いとかいう調査結果を紹介してました。どんな調査だか知らんけど、調査結果は信じるとしましょう。問題は、県民性の研究をしてるという先生の解説のほう。「群馬県はからっかぜなど、気候が烈《はげ》しいから」だって。

「気候が烈しいと、夫婦仲が悪くなるんでしょうか?」

だとしたら、台風の暴風雨に襲われることがもっとも多い沖縄が、もっともケンカしてなきゃならないはずですよ。

「でもどちらかというと沖縄の人は、まったりしてるイメージが強くないですか」

そういうデータが出たときは、その先生は、「気候が温暖だから」って説明するんですよ、きっと。

死んだ人ばかりけなすのかといわれそうなので、存命中の人の本も。中沢新一さんの『アースダイバー』(二〇〇五)にもがっかりでした。

「急に〝さん〟づけになりましたね」

私は、存命中の人の名前にはすべて〝さん〟をつけることにしています。洋の東西を問わず。ほめるときもけなすときも。

これ、出だしはすごくわくわくしたんです。自転車で東京都内をまわり、古代と現代の地形の差や文化を検証しようみたいなことが書いてあったんで。

ところが読んでいくと、民俗学のうんちくを連ねてるだけで、しかもそのうんちくも、どっかで聞いたようなものばかり。中沢さん自身の目で脚でつかんだなにか、という要素を期待したのに、それがほとんどない。こんなもん、研究室にこもって本を調べるだけでも書けるんじゃないですか。

これだったら、以前NHKで放送してた『ブラタモリ』のほうが断然おもしろい。タモリさんが実際に都内各所を歩いて、道のわずかな高低差からむかしの地形の名残を探したりと、学者顔負けの知識と行動力を披露してました。『いいとも』はやめてもいいから、『ブラタモリ』(1)は続けてほしかったくらい。なんでNHKはあの番組、DVD化しないんだろう?

「時間がおしてまいりましたので、そろそろ最後の一冊をお願いします」

小池龍之介さんの『偽善入門』(二〇〇八)。私は以前から偽善という行為を評価してまして、偽善のなにがいけないのだろうと考えていたものですから、この本が出たと知ったとき、やられたっ、と思いましたね。すぐに入手して読みました。

でも、私は小池さんの考えとは相容れないようです。偽善は必ずしも悪いことではない、悪より偽善のほうがまし、というところまでは同感なのですが、小池さんは、いい偽善と悪い偽善という分けかたをしてます。その人の行為全体のうち、善の割合が上回っていればいい偽善、そうでなければ悪い偽善と、その人全体に占める善悪の割合で評価してるんです。

私の偽善観はそうじゃありません。私は、九回悪いことしたやつが一回いいことした場合でも「いい偽善」だと考えます。善行と悪行はそれぞれわけて評価すべきです。足して平均するのは無意味です。

小池さんは、偽善行為のうちの善の割合を多くしていき、最終的に善人になれたらいいとお考えのようです。私は、そんな目標を持って善行をすることこそが最悪だと思います。そんな考えでいると、いつしか善行がつらいノルマになり、しまいには苦痛になってやめてしまいます。善行は、気が向いたときだけやればいい。一生偽善者のままでもいいんです。

「ずいぶんと大胆なお考えですね」

そう？　私の考えかたのほうが親鸞みたいで救いがあると思うけどな。小池さんは仏教のお坊さんだけど、結局、西洋的倫理観・哲学観で人を判断してるような気がします。

「というわけで、本日は数々の悪口をありがとうございました」

私の陰に隠れて、あなたもずいぶん悪口いってましたよね。最後にひとこと、いいわけをさせてもらっていいですか。

「どうぞ」

本にせよ映画にせよ、なにかを鑑賞するときの私の態度は作品主義です。評価基準はその作品がいいか悪いかであって、作者がだれかはあまり気にしません。

だから、ある作家に心酔して作品を読破したなんて経験はほとんどありません。逆に、ある本を読んでつまらなかったとしても、後日、同じ作者のべつの本を平気で読みます。つまんなかったからあいつの本は二度と読まない、って決めつけてしまったら、その作者がおもしろい本を書いたとき、読み逃すかもしれません。それはもったいないし、なんかくやしいんで。

「では読者のみなさま、またいつかお目にかかりましょう」

チャオ！

（1）私の希望がかなったのか、その後『いいとも』は終了し、『ブラタモリ』は復活した。

文庫版おまけ其の一　自殺予防に民主主義

へイ、らっしゃい！　おおっと、これは珍しいお客さんだ。

「ただいまっ！　大将、元気だった？」

おかげさまで、相変わらずですよ。

「がっかり。なんでこの店、潰れてないのよー！」

三年ぶりに帰国した人に、いきなりディスられる理由を聞かせてください。

「この三年間、東南アジアで本場の味を学んだのよ。帰国するころには、さっとこのお店は潰れてるだろうから、ワタシがエスニック料理の店を出す計画だったのに」

本場の味を学んだといったって、ダンナの海外転勤についていってっただけでしょ。

「三年間で三か国まわれば、食べ歩きだけでも舌は肥えるってものよ。海外転勤に慣れなくてウツになったり、最悪、自殺する人もいるなんて事前のレクチャーで脅されたけど、ウチの家族には、人も食べものもあってたみたいね」

いっそ、向こうに移住したらどうです？

「じつはその選択肢もマジメに検討したの！　ただ、こどもの教育のことを考えると、日本以外でって自信はなくて。でも、いろんな国籍の人たちと交流して、多様性にもまれて、ワタシも息子もたくましくなったかな」

ほほう！　あなたから多様性の大切さを教わろうとは。人間は進歩するものですね。

「ふっ。そうやって馬鹿にされても動じないわよ、以前のワタシとは違うんだから！　日本を出てはじめてわかったんだけど、日本人ってワタシが考えてた以上に、みんな横並びで同じことしましょうみたいな圧力が強いわよね。自由と多様性に慣れてしまった国際派のワタシと息子が、今度逆に、日本に適応できるかどうか心配で」

ご主人の心配はしてあげないんですね……？　まあ、もしもあなたが日本への再適応に失敗したら、徳島県の海陽町に移住すればいいかもしれません。

「その町には、なんかいいことあるの？」

海陽町として合併される前の海部町は、統計上、自殺率の低さで日本国内の上位にあった町です。その秘密を解き明かしたのがこの本、『生き心地の良い町』。

著者の岡檀さんは大学院の修士論文の研究テーマとして、現地で暮らし、町民に取材しながら、自殺率が低い理由を探ります。調査から浮かび上がった、意外な自殺予防因子とは、いったいなんだったのか……！

「探偵小説みたいな煽りかたね」

そういう目線で読んでも、じゅうぶん鑑賞に耐える本だと思います。仮説を立てて、聞き込みをし、データを集めて検証する、その繰り返しで謎があきらかになっていく。私もわくわくして、ページをめくる手を止められなかったくらい。

念のためですが、これはエンタメではありませんよ。ルポライターが自分の印象と体験をつづった紀行文とは一線を画した、れっきとした学術調査です。さまざまなデータを使い、客観的な根拠と論理的な考察から導かれたレポートだから、内容は信頼できるんです。

「そう聞くとやっぱり難しそう」

そこはご心配なく。学術調査結果を一般人が読める平易な日本語で書いてるってことも特筆もの。きっと、著者の岡さんが社会人から大学院に入ったからなのだと思います。生え抜きゴリゴリの学者なら、難解至極・退屈地獄の文章で人を煙に巻くような本に仕上げたことでしょう。

「学界に敵を作るあなたのクセは変わらないわね」

以前の報道などでは、海部町に江戸時代から続く相互扶助組織が根づいていることが、自殺率を低くする要因ではないかとされてました。

「やっぱり、地域の絆と助けあいが大事ってことかしら」

というのが、通説ですよね。ところが岡さんが現地で住民の行動を調べると、予想を裏切る事例がボロボロ出てきます。たとえば、赤い羽根共同募金の集まる額が、周辺地域のなかでもっとも少ない。海部町では、そんなわけのわからんものにカネは出さない、と突っぱねる人が多いんです。

「ケチなの?」

そうともいえません。同じ人が、町のお祭りには積極的に寄付してたりしますから。それよりも、この町の人たちは募金をしない人を批判的な目で見ないという点のほうが重要。

「どういうこと?」

日本人はやたらと他人の目を気にしませんか。募金にしても、よその人はいくら寄付してるのかしら? あんまり多く出したくはないけど、少ないとケチだと思われそうだし……みたいな感じで。

「そうそう、それこそが、日本人の横並び体質なのよ」

海部町では、募金をするしないは、個人の自由なんです。しないからといって悪く思われることはない。ひとはひと、自分は自分。老人クラブの加入率もとても低いそうです。みんなが入るから私も、とはなりません。あくまで自分が入りたければ入るし、イヤならやめるだけ。

「へえ、意外。そういう批判って、都会の人はジコチューでワガママで冷たいってことの例にあげられるのに」

でしょ？　では海部町の人は冷たいのか？　他人に対し、こころの扉を閉ざしてるのか。ぜんぜんそんなことはありません。海部町を訪れた人は、すぐに町民から親げに声をかけられるそうです。どっから来たの、みたいに。知らない人に気さくに声をかけるなんて、都会の人の常識にはありませんよね。

「不審者扱いされかねないもの」

町の中学生は、部活の大会などで他の町に行ったとき、他校の生徒に気軽に話しかけるとビックリされるといってます。さらにつけ加えるなら、海部町では先輩後輩みたいな上下の縛りがあまりない。若者や新参者が自分の意見をはっきりいわないと、逆に怒られるのだそうです。

「空気を読まなくていいなんて、外国人みたい」

実際、都会に出た町民は、空気読まずに行動して、周囲とぎくしゃくすることがあるといいます。でも彼らはそういうときにも怒ったりせず、よのなかにはいろんな人がいるんだな、と納得するのです。

「いいひとたちねぇ」

人それぞれの個性と多様性を尊重すること。しかし同時に個人の殻に閉じこもることなく、他人と社会に関わり続けること。他の町ではあまり見られないこういった要素こそが、自殺予防に効果的な因子なのでは、という結論です。

私はこの意外な結論に驚くと同時に、とても嬉しくなりました。

「なんで?」

多様性を尊重しつつ、他者と関わることをおそれない。これを理想としているのが、なにを隠そう、民主主義だからです。この本を読んで私は、民主主義の理念はまちがってなかったんだなと、思いを新たにできました。

「なるほど、いわれてみれば、そうかもね」

海部町にも、周辺の自殺率の高い町にも、同じように人々の絆はあります。つまり、絆はあればいいってもんでもないんです。東京みたいな大都会では人々の絆が希薄だといわれるけど、東京の自殺率は全国平均でいえば低いほうなんですから。日本人はいいかげん、絆幻想を捨てるべきですね……えーっと、なんでしょう、そのヘンテコな動きは？

「じつは料理だけでなく、向こうで民族舞踊も習ってたの。多様性の大切さと生きる喜びをダンスで表現しているのよ」

店内は狭いので、おもてに出て好きなだけやってください。

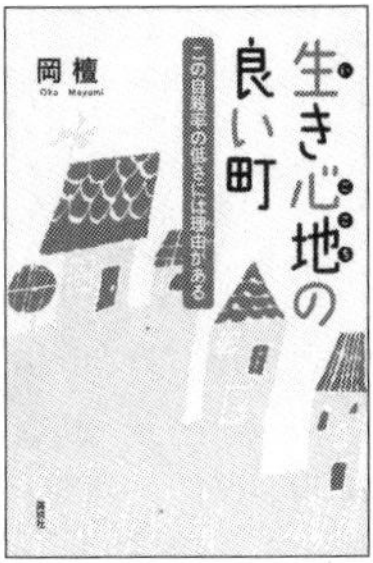

『生き心地の良い町』岡檀　講談社　二〇一三

文庫版おまけ其の二　頭か、腹か

ヘイ、らっしゃい！　いつになく、浮かぬ顔ですね。

「前に比べて、日本のテレビはガン保険のＣＭがやたら多くなった気がしない？　芸能人でも若くしてガンで亡くなる人っているじゃない。それで幼いこどもがあとに残されて……なんか他人事じゃないのよね」

おたくのお子さんもまだ小学生ですしね。

「もし、ワタシも病気になったらって考えちゃう。だってＣＭとかでよくいってるじゃない。日本人の二人に一人がガンになる時代です、みたいな。それってやっぱりガンが増えてるってことでしょ」

ああ、それは定番の統計トリックなんで、心配するだけムダです。

「え？　どういうこと？」

日本人の二人に一人がガンになるというのは、八〇歳まで生きた時点での確率を切り出した数字なんです。ガンという病気は、人間が全員強制参加させられるクジみたいなもので、当たる確率は五〇代くらいから急上昇するんです。で、その値が、八〇歳の時点で五〇パーセントになる。いまや人生八〇年時代なので、最大時のリスクが二人に一人ってわけ。三〇代なら、ガンになる確率はせいぜい数パーセントです。

「スーパー銭湯？」

なんでお風呂に行っちゃうんですか。数パーセント、一〇パーセント未満ということですよ。

「なんだ、年齢によってそんなにも確率がちがうのね。二人に一人なんて、どう考えても多すぎる感じがしてたのよ」

もしもテレビCMで、三〇代のあなたがガンになる確率はたったの数パーセントです。さあ、いますぐガン保険の資料請求を！　なんて正直にいったらどう思います？

「だれも食いつかない」

逆に、今後平均寿命が一〇〇歳にまで伸びたとします。一〇〇歳の時点では計算上、ガンになるリスクはほぼ一〇〇パーセントになってしまいます。つまり医学統計上では、ガンで死ぬ人が増えたということは、他の病気で死なずに長生きする人が増えたという証拠なんで、必ずしも悪いことではありません。

「はぁ……。数字に弱いワタシみたいな人間は、なにを頼りに正しい判断をしたらいいのやら」

ダマされてるのはあなたばかりではありませんから、落ち込まずにこの本をお読みなさい。カナダのジャーナリスト、ダン・ガードナーさんの『リスクにあなたは騙される』。われわれ人間が、いかに非科学的な思いこみを信じてリスクを判断し、かえって危険な行動をとっているかを、豊富な事例で教えてくれます。

日本でも最近、こどもが不審者に誘拐されたり殺されたりすることを防ぐための活動が盛んになってますよね。

「でも日本はまだマシなんでしょ。ウチの子が通ってた東南アジアの学校ではスクールバスが使えたけど、欧米なんて危険だから、親が学校まで送り迎えするって聞いたわよ」

そういわれてますが、もっとも危険と思われてるアメリカでさえ、実際にはこどもが不審者に誘拐される確率は天文学的に低いんです。プールで溺れ死ぬリスクのほうが二・五倍も高いんです。クルマに轢かれて死ぬ確率は二六倍。なのに親たちは、あらゆる低木の茂みに性倒錯者がひそんでいると思いこみ、プールやクルマより不審者を恐れます。

「だけど、万が一ってこともあるから……」

はい、みなさん、そうおっしゃる。ガードナーさんは、人は頭でなく腹で考えてしまいがちだといってます。頭で考えれば億が一、兆が一とわかるリスクでも、直感的・感覚的に腹でコワいと思うものに対しては、万が一にまでリスクを高く見積もってしまうという意味です。

その反対に、イメージの良いものに対しては、死亡やケガのリスクがかなり高くても無視してしまいがち。イギリスでは毎年クリスマスの準備期間中、クリスマスツリーやライトの設置、樹木の剪定でケガをする人が二〇〇〇人以上にのぼるのだとか。アメリカではろうそくが原因の住宅火災が、クリスマス期間中は普段の四倍に増えるそうですよ。ガードナーさんいわく、だれもクリスマスを殺し屋だとは思わない。だい

「日本でも、クリスマスに屋根や壁を電飾ビカビカにする家が増えてるわよね。だいじょうぶなのかしら」

ひょっとしたら、すでにケガ人が出てるけど、クリスマスの楽しい気分に水を差さないために報道されてないってことも考えられますね。

「でも、リスクを頭でなく腹で決めちゃうってのは、人間がもともと持ってる本能み

たいなものだから、どうにもならないんじゃない？」

そういう本能は、狩猟採集民族にとっては、猛獣のようなコワい敵から逃れるために価値があります。ただし、そういう人たちは日々の鍛錬で感覚が研ぎ澄まされてます。だから腹で感じるリスクを信用できるのですが、現代の文明社会に暮らすわれわれにそんな能力がありますか？

「自慢じゃないけど、ないわね。歌いながら自転車に乗ってたら、前から飛んできたカナブンに気づかず、口に入ったことがある」

たとえいま、あなたの背後に猛獣が忍び寄っていても、気づきませんよね。

「絶対、気づかないわ。文明人だもの」

「ガオーッ！」

「キャーッ‼ 背後から猛獣がっ……もう、脅かさないでよ！ ほら、うちの息子よ。大きくなったでしょ」

「大将、こんにちは。母がいつもお騒がせしてます」

きみは歌いながら自転車に乗ってて、口に虫が入ったことはあるかな？

「ありえない。文明人だから」

「この母も文明人なのよっ」

「こないだお母さん、モナカアイス食べてるときにスマホの着信音が鳴ったら、モナカをフリックしたよね」

ほほう、おたくの文明では、モナカで通話ができるのですか。

「ちょっとぉ、ヘンな影響与えないでよね。それじゃなくてもこの子、日増しにダンナに似て皮肉っぽくなってきたのに。やんなっちゃう。これ以上、賢《さか》しらになるリスクを避けるためにも、このおそば屋への出入りは禁止します！」

『リスクにあなたは騙される』ダン・ガードナー
ハヤカワ文庫ノンフィクション　二〇一四

【こちらもおすすめ】

『犯罪不安社会』浜井浩一　芹沢一也　光文社新書　二〇〇六

むかしは家にカギをかけなくても泥棒なんて入らなかったよ……ってのは大ウソ。空き巣も殺人も誘拐も、むかしのほうがいまよりずっと多かったことが犯罪統計でわかります。犯罪は減ったのに犯罪報道ばかりが過熱する日本。

文庫版おまけ其の三　日記に書かれた戦前・戦中

　ヘイ、かけそば、お待ち！

「やっぱり、このおダシの香りを嗅ぐと思うの。あー、日本人に生まれてよかったあ」

　そのソバ作ったのは、イタリア人ですけどね。

「そういえば、だいぶ前に勧めてくれた『この世界の片隅に』ってマンガ。あれアニメ映画になってたのね。こないだＤＶＤを家族で観て、感動しちゃった」

　ほら、私の本を選ぶセンスの良さが証明されたでしょ――といいたいところですが、おすすめしたのは私でなく、さすらいのフリーライターでしたよね。

「あの人、どうしてるのかしら？」

　さあ。この地球の片隅でしぶとく生きているのでは？　それはともかく、あのマンガは名作でしたから、目をつけてた人がいても不思議ではありませんよ。

「戦前、戦時中も庶民生活は普通に続いていたって話よね。そのディテールが細かく描かれてるのが新鮮。なんか他にもそういう本、ないのかしら？」

もちろん、ありますとも。これなんかどうでしょう。永井荷風の『断腸亭日乗』。そこそこ有名だけど、だれも読もうとしない本ですね。現在ちょっと入手がしづらいようなので、図書館で荷風全集を借りて読むのがおすすめです。

「ふーん。これ、日記なのね？」

そうですよ。作家の永井荷風が大正時代から戦後、死ぬ間際まで書き続けた個人の日記です。だから、個人のホンネがぶちまけられてるし、東京で暮らす人々の日常生活がディテール豊かにつづられてます。

戦前・戦中の庶民文化史を知る上で貴重な史料になってるので、私も本を書く上で何度も利用しています。たとえば、毎日の気温に注目してください。

「華氏九八度……？　華氏ってアメリカとかで使ってる単位だっけ」

戦前は日本でも華氏表記が主流だったんですけど、気象庁は摂氏を使ったりと、混在してました。昭和に入ってから摂氏への統一がはじまりますが、完全に切り替わったのは戦後のことでした。

帝国劇場には大正時代すでに、客席の床下から冷風が吹き出す冷房システムがあったなんてことも、日記からわかります。

「当時は最先端だったんでしょうね」

女中がやめたので数軒の紹介所に頼んだけどまったく音沙汰なし。しかたなく新聞に募集広告を出したら、一八人も応募があったとか。

「なぜかしら？」

紹介所に登録すると、あたりまえだけど手数料を取られます。それを嫌って、個人で仕事を見つけてる女中さんがけっこういたんですね。むかしの女中さんには自立した女性も多かったから、それくらい積極的な営業努力をしてても不思議ではありません。

「ただの下働きじゃなかったってことか。頼もしいわね」

読んでてニヤニヤしちゃうのは、荷風のこども嫌いの一面が随所に現れてるところです。そこから戦前の教育やしつけの実態も浮かび上がってきます。

銀座の有名レストランで食事してたら、どっかのガキが猿のごとく店内を走り回っているのに親は注意すらしない、近頃の親はしつけに無頓着だ、と怒る荷風。

「えー、そういうのって最近のことかと思ってた。むかしもそういう親はいたのね」

戦前は親や先生のしつけが厳しかったってよくいわれますけど、それウソです。教育学者の研究でも、むしろ戦前のほうがこどものしつけに無関心な親が多かったことがあきらかになってます。教育勅語も儒教教育も、ほとんど効果をあげてませんでした。

荷風の弟夫婦は、こどもをおばあちゃん——荷風の母にあずけて朝鮮に行ってたんですが、その子らの行儀が悪いことにも、野猿のごとき悪児と憤慨しきりの荷風。

「荷風さんにとって悪いこどもはみんなサルなのね」

道を歩いていて、近所のこどもたちにからかわれる荷風。オレがこどものころは、町でエラい先生に出会ったら頭を垂れて敬意を払ったものだ。いまのガキどもは凶悪暴慢で憎らしい。親の教育のせいか、国家教育の到らないせいなのか!

昭和四年には、大学野球の早慶戦観戦後の熱狂冷めやらぬ学生たちが銀座で乱闘騒ぎを起こしたのですが、その場に居あわせた荷風さん、私はしみじみ、子を持たぬ身の上をうれしく思ったとまでいってます。

「そこまでこどもを嫌う人も珍しくない?」

そんなに腹が立つならその場で叱ればいいのに、荷風は叱れないんです。なぜなら、とても気が小さいヘタレおじさんだったから。怒りはすべて日記に叩きつけるだけ。

「なんだ、がっかり」

戦時中には、日本人の愛国心は田舎者のお国自慢だ、富士山と桜が好きだといえば押しも押されもせぬ愛国者になれる、などとかなりきわどい言葉で世相を批判してますが、強がりをいえるのはもちろん日記のなかだけです。荷風には表立って反戦を叫ぶ度胸などありゃしません。

終戦間際になると、二〇年以上住んだ麻布の自宅が、ついに空襲で焼けてしまいます。日記と草稿だけを持って逃げ出しましたが、不運なことに行く先々で空襲に遭うんです。ツテを頼って疎開を続け、東中野、兵庫県明石、岡山県ときたところで終戦を迎えます。

「けっこう苦労したのねえ」

六〇過ぎて家を失い疎開が続いたことで精神的にもこたえたのでしょうか、戦後も日記は書き続けますが、気が抜けたような印象で、全然おもしろくない。強がりも怒りもおもしろいディテールも書かなくなっちゃうんですよ。戦後復興期の世相もシニカルに記録してほしかったのに。

「やっぱり戦争は、だれもしあわせにしないってことなのよ」

『荷風全集』第二十一巻　永井荷風　岩波書店　二〇一〇

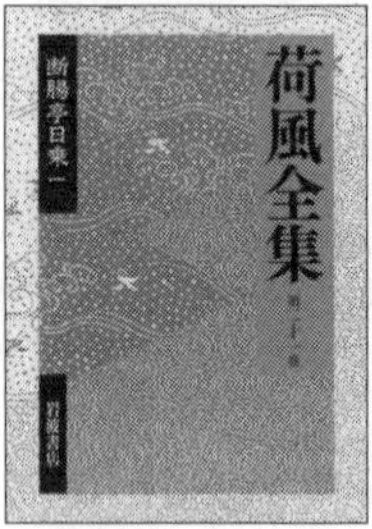

【こちらもおすすめ】

『小さいおうち』中島京子　文春文庫　二〇一二

女中の目から見た、戦前・戦中の日本の暮らしが描かれます。庶民が窮乏してるなかでも、中・上流家庭には食べものも嗜好品も豊富にありました。そして愛も不倫も……。小説・映画ともに傑作です。

文庫版あとがき

単行本出版時、『ザ・世のなか力』というタイトルに決まったと連絡を受けたときは、いいのか？　それでいいのか？　と困惑を隠せなかったのをおぼえてます。

でも本書は自著のなかでも、もっとも思い入れが深い一冊なんです。イタリアと日本のハーフが経営する立ち食いそば屋兼古本屋という珍しい舞台設定と、そこに出入りする近所の主婦とその家族。数ある読書ガイドのなかでも、類を見ないほど個性的でおもしろいと自負してるだけに、愛着もあります。実写化、アニメ化もアリだなあ、なんてほくそ笑んでいたのですが、まったくお声はかかりませんでした。

もしも本が絶版になったら、自分で電子書籍化して市場に残そうかなどと考えていた矢先、文庫としてもういちど陽の目を見ることになったのは、うれしいかぎりです。懐かしいキャラクターをまたみなさんにご紹介できることになりました。

文庫版には新作エピソードを三話加筆しています。『サザエさん』とは違い、キャラが実時間で成長する方針にしました。どうやら常連主婦はこの三年間、家族で海外に行ってたようです。くわしいことは、本文をお読みになってください。

なお、このあとに出た『偽善のすすめ』（河出書房新社）も、ブオーノそばが舞台となっており、店主のパオロと中学生男女が偽善の是非について丁々発止の議論を繰り広げています。

では、またいつか、ブオーノそばでお会いしましょう。

【初出】

「地球温暖化の真実」〜「バットマンになるには」（『ＶＥＲＹ』〈光文社〉連載「悩めるお母さんのためのおいしい読書案内」）

「科学者は信用できるのか」〜「あとからじわじわ効く読書」（「Ｗｅｂ春秋」連載。http://www.shunjusha.co.jp/web_shunju/index.html）

いずれも加筆訂正をほどこしています。

この作品は二〇一三年六月に春秋社より刊行された
『ザ・世のなか力』に加筆し、改題したものです。

反社会学講座　パオロ・マッツァリーノ

恣意的なデータを使用し、権威的な発想で人に説教する困った学問「社会学」の暴走をエンターテイメントな議論で撃つ！　真の啓蒙は笑いから。

続・反社会学講座　パオロ・マッツァリーノ

あの「反社会学」が不埒にパワーアップ。お約束と権威主義に凝り固まった学者たちを笑い飛ばし、庶民に愛と勇気を与えてくれる待望の続編。

誰も調べなかった日本文化史　パオロ・マッツァリーノ

土下座のカジュアル化、先生という敬称の由来、全国紙一面の広告。――イタリア人(自称)戯作者が、資料と統計で発見した知られざる日本の姿。

日本人のための怒りかた講座　パオロ・マッツァリーノ

身の回りの不愉快な出来事にはきちんと向き合い、改善を交渉せよ！「知られざる近現代マナー史」を参照しながら具体的な「怒る技術」を伝授する。

戦中派虫けら日記　山田風太郎

〈嘘はつくまい。嘘の日記は無意味である〉。戦時下、明日の希望もなく、心身ともに飢餓状態にあった若き風太郎の心の叫び。（久世光彦）

同日同刻　山田風太郎

太平洋戦争中、人々は何を考えどう行動していたのか。敵味方の指導者、軍人、兵士、民衆の姿を膨大な資料を基に再現。（高井有一）

タクシードライバー日誌　梁《ヤン》石日《ソギル》

座席でとんでもないことをする客、変な女、突然の大事故。仲間たちと客たちを通して現代の縮図を描く異色ドキュメント。（崔洋一）

新版　女興行師　吉本せい　矢野誠一

大正以降、大阪演芸界を席巻した名プロデューサーにして吉本興業の創立者。ＮＨＫ朝ドラ『わろてんか』のモデルとなった吉本せいの生涯を描く。

富岡日記　和田英

ついに世界遺産登録。明治政府の威信を懸けた官営模範器械製糸場たる富岡製糸場。その工女となった「武士の娘」の貴重な記録。（斎藤美奈子／今井幹夫）

幕末単身赴任　下級武士の食日記　増補版　青木直己

きな臭い世情なんてなんのその、単身赴任でやってきた勤番侍が幕末江戸の〈食〉を大満喫！　残された日記から当時の江戸のグルメと観光を紙上再現。

「月給100円サラリーマン」の時代　岩瀬彰

物価・学歴・女性の立場――。豊富な資料と具体的なイメージを通して戦前日本の「普通の人」の生活感覚を明らかにする。（パオロ・マッツァリーノ）

隣のアボリジニ　上橋菜穂子

大自然の中で生きるイメージとは裏腹に、町で暮らすアボリジニもたくさんいる。そんな「隣人」アボリジニの素顔をいきいきと描く。（池上彰）

弾左衛門と江戸の被差別民　浦本誉至史

浅草弾左衛門を頂点とした、花の大江戸の被差別民の世界に迫る。ごみ処理、野宿者の受け入れなど現代にも通じる都市問題が浮かび上がる。（外村大）

熊を殺すと雨が降る　遠藤ケイ

山で生きるには、自然についての知識を磨き、己れの技量を謙虚に見極めねばならない。山村に暮らす人びとの生業、猟法、川漁を克明に描く。

よいこの君主論　架神恭介　辰巳一世

戦略論の古典的名著、マキャベリの『君主論』が、小学校のクラス制覇を題材に楽しく学べます。学校、職場、国家の覇権争いに最適のマニュアル。

仁義なきキリスト教史　架神恭介

イエスの活動、パウロの伝道から、叙任権闘争、十字軍、宗教改革まで――。キリスト教二千年の歴史が果てなきやくざ抗争史として蘇る！（石川明人）

映画は父を殺すためにある　島田裕巳

〝通過儀礼〟で映画を分析することで、隠されたメッセージを読み取ることができる。宗教学者が教える、ますます面白くなる映画の見方。（町山智浩）

なぜ日本人は戒名をつけるのか　島田裕巳

多くの人にとって実態のわかりにくい〈戒名〉。宗教と葬儀の第一人者が、奇妙な風習の背景にある日本仏教と日本人の特殊な関係に迫る。（水野和夫）

大江戸観光　杉浦日向子

はとバスにでも乗った気分で江戸旅行に出かけてみましょう。歌舞伎、浮世絵、狐狸妖怪、かげま……。名ガイドがご案内します。（井上章一）

裸はいつから恥ずかしくなったか　中野明

幕末、訪日した外国人は混浴の公衆浴場に驚いた。日本人が裸に対して羞恥心や性的関心を持ったのはいつなのか。「裸体」で読み解く日本近代史。

世界漫遊家《グローブトロッター》が歩いた明治ニッポン　中野明
開国直後の明治ニッポンにあふれる冒険心を持って訪れた外国人たち。彼らの残した記録から「神秘の国」の人、文化、風景が見えてくる。（宮田珠己）

江戸の大道芸人　中尾健次
江戸の身分社会のなかで、芸人たちはどのような扱いを受け、どんな芸をみせていたのだろうか？　被差別民と芸能のつながりを探る。（村上紀夫）

食品サンプルの誕生　野瀬泰申
世界に類を見ない日本独自の文化・食品サンプルはいつどのようにして生まれなぜここまで広がったのか。その歴史をひもとく唯一の研究を増補し文庫化。

昭和史探索（全6巻）　半藤一利編著
名著『昭和史』の著者が第一級の史料を厳選、抜粋。時々の情勢や空気を一年ごとに分析し、書き下ろしの解説を付す。《昭和》を深く探る待望のシリーズ。

荷風さんの昭和　半藤一利
破滅へと向かう昭和前期。永井荷風は驚くべき適確さで世間の不穏な風を読み取っていた。時代風景の中に文豪の日常を描出した傑作。（吉野俊彦）

希望格差社会　山田昌弘
職業・家庭・教育の全てが二極化し、「努力は報われない」と感じた人々から希望が消えるリスク社会日本。「格差社会」論はここから始まった！

昭和の洋食　平成のカフェ飯　阿古真理
小津安二郎『お茶漬の味』から漫画『きのう何食べた？』まで、家庭料理はどう描かれ、作られてきたか。社会の変化とともに読み解く。（上野千鶴子）

にっぽん洋食物語大全　小菅桂子
カレー、トンカツからテーブルマナーまで——日本人は如何にして西洋食を取り入れ、独自の食文化として育て上げたのかを解き明かす。（阿古真理）

増補　オオカミ少女はいなかった　鈴木光太郎
サブリミナル効果は捏造だった？　虹が3色にしか見えない民族がいる？　否定されているのによみがえる、心理学の誤信や迷信を読み解く。

「教える技術」の鍛え方　樋口裕一
ダメ教師だった著者が、「カリスマ講師」として知られるようになったのはなぜか？　自らの経験から見出した「教える技術」凝縮の一冊。（和田秀樹）

その他の外国語 エトセトラ　黒田龍之助

英語、独語などメジャーな言語ではないけれど、世界のどこかで使われている外国語。それにまつわる面白いけど役に立たないエッセイ集。（菊池良生）

増補版 誤植読本　高橋輝次編著

本と誤植は切っても切れない⁉ 恥ずかしい打ち明け話や、校正をめぐるあれこれなど、作家たちが本音を語り出す。作品42篇収録。（堀江敏幸）

書斎の宇宙　高橋輝次編

机や原稿用紙、万年筆などにまつわる身近な思い出話を通して、文学者たちの執筆活動の裏側を垣間見せてくれるアンソロジー。59篇収録。文庫オリジナル。

新版 熱い読書 冷たい読書　辻原登

文字ある限り、何ものにも妨げられず貪欲に読み込み、現出する博覧強記・変幻自在の小宇宙。第67回毎日出版文化賞書評賞受賞作。（刈谷政則）

文庫本を狙え！　坪内祐三

20年に及ぶ週刊文春の名物連載「文庫本を狙え！」。そのスタートから4年間・171話分を収録。文庫出版をめぐる生きた記録。（平尾隆弘）

万骨伝　出久根達郎

饅頭本とは葬式饅頭・紅白饅頭替わりの顕彰本・記念本である。それらを手掛かりに、忘れ去られた偉人・奇人など50人を紹介する。文庫オリジナル。

増補 書藪巡歴　林望

ものとしての書物について正確に記述する学問——書誌学。その奥深い楽しみを、基礎知識から在りし日の先学まで軽妙な筆致で描く。（紀田順一郎）

本を読むわたし　華恵

いつも隣りに本があった。ほの甘く、おだやかで、ちょっぴり切なく、途方にも暮れた少女の日々を、本を手がかりに瑞々しく描き出す。（松岡正剛）

ぼくは本屋のおやじさん　早川義夫

22年間の書店としての苦労と、お客さんとの交流。どこにもありそうで、ない書店。30年来のロングセラー！（大槻ケンヂ）

「紙の本」はかく語りき　古田博司

歴史の残骸のように眠る本の山。その中から現在を生きる糧は見つけ出せるのか？ 古今東西の様々なジャンルの本を縦横無尽に読み解いてゆく。

ちくま文庫

世間を渡る読書術

パオロ・マッツァリーノ

筑摩書房